柳沢吉保

教科書が教えない元禄政治の実像

江宮隆之

はじめに――柳沢吉保は本当に悪人だったのか

江戸時代のヒーローというと、水戸黄門（水戸光圀《みつくに》）、大岡越前（大岡忠相《ただすけ》）、遠山の金さん（遠山金四郎）、最近では鬼平（長谷川平蔵）などの名前が挙げられよう。

それに引き替え、ダーティなイメージを持たれているのが、柳沢吉保《やなぎさわよしやす》を筆頭に間部詮房《まなべあきふさ》、田沼意次《おきつぐ》など、側用人政治を担った人々ではないか。

特に柳沢吉保などは、時の将軍・綱吉《つなよし》に取り入り、権勢を謳歌《おうか》して賄賂《わいろ》を取り、善良な人々を苦しませる悪法「生類憐《しょうるいあわれ》みの令」を強力に推進した「悪人」「悪徳大名」などのイメージが強く、テレビ番組などでも悪人役が得意な役者の定番になっている。

そうしたイメージが実像を離れ、さらに悪徳イメージを倍加させるという効果を生み、「柳沢吉保」あるいは「柳沢」という苗字だけで「悪人」と決め付けられるようなことさえ起きているという。

しかし、これって本当のことだろうか。

歴史上の人物を、あまりにも単純に「善玉」「悪玉」と割り切ってしまうことが許されるのだろうか。人間は、誰でも二面性を持つ。いや、多面性といってもよいだろう。あのスーパーヒーロー「鬼平」でさえ言っているではないか。

「人というものは、左手で悪いことをしながら、右手ではよいことをしている」というような意味のことを。

そうです。人間は、簡単に「善人」「悪人」と二つに色分け出来るほど単純なものではありません。ましてや歴史上の人物ですよ。そこには、必ず陽と陰の部分があるのです。

その陰の部分にスポットを当てれば「悪人」。陽の部分を取り上げれば「善人」。そういうことになる。まあ、それは小説やドラマの常套《じょうとう》手段ではある。だから、作家によって徳川家康が、限りなく善人に扱われたり、権謀に長けた「狸おやじ」として「悪人」扱いされるのである。

また、歴史資料がすべて真実を語っているか、というかと、これがまた違う。資料を利用する、その人間の考え方が反映されるし、解釈の仕方でどうにでもなるという資料もある。さらには、「ある説」が孫引き、孫孫引きされて、様々な文書で述べられているうちに「定説」になってしまうこともある。

後世に作られた虚像が、一人歩きを始めるのである。

「生類憐れみの令」などは、その極みともいえる。

つまり、歴史はねじ曲げられて作られている、ということである。その結果が「善人」と「悪人」を作り出す。本当は悪人なのに善人にされてしまったり、その反対があったり。

本書は、そうした観点から歴史を振り返ってみたい。

将軍綱吉は、「犬将軍」「犬公方《くぼう》」などと呼ばれて歴史上、まるでアホな将軍の代名詞のように言われてきたが、それは本当のことだったのか。

水戸黄門は、本当に誰に対しても「天下の副将軍」と公言して、将軍綱吉にも意見が出来たのか。

柳沢吉保は、本当に悪徳大名だったのか。賄賂の権化だったのか。将軍の隠し子を自分の子として育てて、将軍位を狙った悪人だったのか。諸国の代官たちを自分の私利私欲のために操った悪逆非道の人物だったのか。

「将軍綱吉が死ぬと失脚した」といわれるのは本当のことなのか。

しかしながら、実際には「柳沢家」は、綱吉の死後も繁栄を続け、吉保は江戸の六義園《りくぎえん》（現在も東京駒込にある庭園・六義園）で、安穏に一生を過ごしているのである。

元禄時代といわれるのは、一般的に「元禄期」を中心にした将軍綱吉の治世を指す。その元禄時代は、一面で経済の転換期でもあった。

経済の転換期には「経済の分かる官僚」が必要になる。実は、吉保はこの「経済の分かる官僚政治の草分け」という見方も出来るのである。

そして、元禄時代には歴史上ばかりか、芝居やドラマ、文学でも素材として一番多く扱われてきた「忠臣蔵事件」が起きている。こうした事件の裁定さえも、吉保の責任にされている。筆者に言わせれば、むしろ吉保は「義士」と呼ばれる人々の「恩人」である。

本当に柳沢吉保は悪人だったのか。今回取り上げたテーマは、これである。

明治の文学者、坪内逍遙がはかなくも言った「二百年間、無実の鬼となっていた吉保」の、本当の姿に元禄という時代を重ねて、正しいスポットを当ててみたい。

本書を読まれて、なお柳沢吉保を悪人と断定出来るとしたら、あなたこそ本当の「悪人」かも知れません。

江宮　隆之

目　次

はじめに――柳沢吉保は本当に悪人だったのか …… 2

第一章　吉保と綱吉 …… 9
綱吉と出会う …… 10
『松蔭日記』からひもとく出世物語 …… 10
柳沢一族のルーツは武田家 …… 12
吉保誕生 …… 14
将軍継承外の綱吉 …… 15
運命の初対面 …… 18
祖先武田家の恩 …… 19
仏教への信心が目覚める …… 21
実母の存在を知る …… 22
棚ぼた将軍誕生 …… 23
吉保の出世物語スタート …… 27

第二章　将軍綱吉の実態 …… 31
厳しい制裁 …… 32
周囲を恐れさせる執念深さ …… 33
学者将軍の善政 …… 35
嫡男、徳松の死 …… 38
大老堀田正俊刺殺の謎 …… 39
側用人時代の到来 …… 41

第三章　生類憐みの令の真実 …… 43
エスカレートする生類憐みの令 …… 44
生類憐れみの令の目的 …… 46
五万人が処罰の真実 …… 48
恐るべし活字文化 …… 50
吉保と生類憐れみの令 …… 51

第四章　吉保を巡る謎 …… 55
長男・吉里は綱吉の隠し子か？ …… 56

能力がなくても出世できたのか？……59
元禄バブル崩壊で求められる人材……61
綱吉は無能な将軍か？……63
寵愛を受けたの吉保だけ？……64
吉保は単なるごますり？……66
大抜擢されたのは吉保だけ？……69
賄賂の権化の素顔は？……71
お成りの目的は？……73
黄門様とは犬猿の仲？……75

第五章　吉保の真の実力……81
川越城主に……82
武蔵野の原野を農地に……84
荻生徂徠の登用……86
書物に残される吉保像……87
名君としての吉保……90
吉保と六義園……92
貨幣改鋳への誤解……93
黄門様も認める皇陵修理……96
柳沢邸での御前裁判……98
難事業をこなして大老格へ……100
頭の器量で女性を選ぶ……101
武田家存続に貢献……103

第六章　忠臣蔵の人々……105
即日切腹命令の真相……106
フィクションとは違う人物像……109
仇討ちへ追い込まれる……110
赤穂浪士の処遇を巡って……115
打首から切腹へ変更……117
ねじ曲げられた忠臣蔵……120

第七章　負け組の悲願、甲府城主に……125
松平の称号を授かる……126
賄賂禁止を願い出る……127
朝廷との友好関係……128
後継問題を取りまとめる……130

甲斐国を譲り受ける……135
甲府城主に……138
甲府城、城下町を整備……140
甲州八珍果を選定……143
甲斐八景による甲州振興……144

第八章　将軍綱吉の死　147
綱吉への三つのお願い……148
相次ぐ天災……149
綱吉病床に……151
綱吉薨去直後の隠居願い……154
「生類憐みの令」のその後……156

第九章　柳沢一族の繁栄　161
吉保隠居……162
将軍家宣、薨去……165
吉保逝去……166
甲府城主、吉里の善政……168
大和郡山への転封命令……170
大和郡山を金魚の産地に……171
繁栄する柳沢家の人々……173
なぜ吉保は悪役になったのか……176

おわりに――三百年の無実の鬼、柳沢吉保……180
【参考文献】……183

第一章　吉保と綱吉

綱吉と出会う

柳沢吉保が、初めて綱吉に会ったのは七歳の時であった。綱吉が五代将軍になる遙かに以前のことで、まだ館林宰相と言われた時代である。

館林家に仕えていた吉保の父・安忠《やすただ》が、七歳になった吉保を連れて綱吉の住む神田御殿と呼ばれる館林邸に挨拶に訪れた。

将来綱吉に仕えることになるであろう嫡男を、取り敢えず紹介しておきたいという親心でもあったろうか。

十九歳の綱吉は、吉保に対して『四書五経《ししょごきょう》』のうちの『大学』の一節を得意げに聞かせた後、ひょいと吉保の手を取って新築がなったばかりの神田御殿の内部を案内して回ったという。

この初対面から、吉保と綱吉の間には通い合うものがあったようである。後に吉保は、この出会いを「恐れ多いことだが、兄弟のような温かい感情が二人の間に流れたのではなかったのか」と振り返っている。

これは、二人がともに戊年《いぬどし》生まれというような共通項だけでは考えられない。

いずれにしても響き合う何か（たとえば兄弟に似た感情）が、二人の間に生まれたことは容易に感じられる。そういえば、吉保は一人っ子であるし、綱吉も兄弟はいてもすべて異母兄弟であって、一人っ子同様に育てられている。

吉保が、綱吉から正式に『大学』の講義を受けるのはこの二年後。吉保は九歳、綱吉二十一歳になっていた。この若き師弟の間柄は、あたかも新任教師がぴかぴかの新入生を受け持つような感覚ではなかったかと思われる。

こうして初対面から妙にウマがあった二人は、将来片方が将軍になり、片方が大老格の政治家となって、日本の歴史に足跡を残すなどとは思っても見ない。儒教に傾倒するウブな青年と少年に過ぎなかった。

後年、吉保は「綱吉の寵臣《ちょうしん》」などと言われることになるが、実は寵臣などではなく、将軍綱吉の後期の政治理想を実現するための、政治パートナーであった。

『松蔭日記』からひもとく出世物語

「いでや、その御さかへの事を。われも人も、此世に生れ、此時にあひて、ほどほどに、をのがよろこびしつゝ。皆しりきこえためるを、今さらに書きいでんこそ、いとことさらめき、をこがましけれど、さるは、ちかき御いつくしみにあひて、さまざまにためしなきも、をのずから見たまへあつむるまゝに、かたはし、つゞりしをくなりけり」（むさし野）

狩野常信が描いた柳沢吉保の肖像画

（いやもう、この君の御栄華のことは、自他共にこの世に生まれ、この時代にあって、身分身分につけてそれぞれが感謝しているので、周知のことであると思う。それを今さら書き出すのはたいそうわざとらしく、滑稽じみている。けれどもこれは私が君の近く侍ってお恵みを蒙り、いろいろと例のない御栄華を自ずと拝見することも少なく、その一端をいささか記し止めておくのである）「武蔵野の巻」

これは、柳沢吉保の側室の一人である正親町町子《おおぎまちまちこ》の手になる日記の冒頭である。正式には『松蔭日記《まつかげにっき》』という。だが、これは単に町子自身の日々を記した日記ではなく、徳川五代将軍・綱吉の時代に、綱吉とともに「元禄」という時代を歩んだ吉保の一代の事績を綴った「栄華物語」といえよう。

物語は、貞享二年（一六八五）十二月の開巻「武蔵野」から始まり、その後の目覚ましい吉保の立身出世を記し、同時に将軍綱吉の治世を叙述している。そして、位人臣を極めた吉保の人生を、宝永七年（一七一〇）秋まで、吉保と綱吉の交流を軸に記してたものである。

貞享二年という年は、吉保が小納戸上席《こなんど》となり、従五位下出羽守《でわのかみ》になった記念すべき年である。町子は、その記念すべき年から「日記」を書き起こす形を取った。

あたかも、この栄華物語は、平安朝の『源氏物語』あるいは『枕草子』のような趣があり、筆者の正親町町子が、そうした過去の文学作品を念頭に置いて書き記したものといわれている。

また町子は、それだけの教養と実力を兼ね備えた女性でもあった。

そうした意味からもこの『松蔭日記』は、江戸時代の日記文学として専門家からも大きな評価を得ている。

この『松蔭日記』に沿いながら吉保の人生を辿ってみたいと思う。

柳沢一族のルーツは武田家

吉保の側室・町子が、この『松蔭日記』を記すようになる以前のことである。町子さえ知らぬ柳沢吉保の先祖である「柳沢一族」について書き記すことから、以後の物語を始めたい（なお、幼少期に吉保の名前は「弥太郎《やたろう》」であるが、ここからは「吉保」と歴史上知られている通称で呼ぶことにする）。

柳沢氏は、甲斐源氏の一族である武田氏、一条氏の支族として甲斐国巨摩郡武川筋《こまごおりむかわ》の柳沢村（現、山梨県北杜市武川町）から起こっている。

武田家が甲斐の守護になった後は代々武田氏に仕え、信玄の時代には「武川衆」として諏訪方面に対する防備の任務を担ってきた。同族には、馬場、青木、山寺、宮脇、横手氏などがあった。

吉保の祖父に当たる信俊《のぶとし》は青木性であったが、同族のうち一時家名が絶えた柳沢家を継ぎ、柳沢兵部丞《ひょうぶのじょう》を名乗るようになった。

天正十年（一五八二）三月に、武田勝頼が天目山で自刃して武田家が滅びた同じ年の六月、織田信長が本能寺で横死した。

その後、甲斐国内の各地に潜んでいた武田の遺臣たちは、北条、上杉、徳川などに再雇用された。中でも徳川家康は、千百人を超える武田遺臣団を抱えた。その大半が、井伊直政の手に配属された。後に有名になる「井伊の赤備え」は、遺臣団による武田の赤備えが核になっている。

しかし柳沢信俊ら「武川衆」は、こうした遺臣団とは別の生き方をした。家康は特にこの武川衆を手に欲しかったこともあって、直属の兵として使った。天正十二年（一五八四）三月に豊臣秀吉との戦さである小牧の合戦では信濃高遠《たかとお》の勝間砦を守備し、次いで長久手の合戦でも戦功を上げた。

信州上田での真田昌幸との合戦でも、負け戦さの引き上げで真田勢の追撃を食い止めるなど武川衆は華々しい働きをした。

その後信俊は、天正十七年（一五八九）から甲府城の城番を務めた。天正十八年（一五九〇）一月には武川衆の諸士に俸禄として合計二千九百六十俵が与えられ、信俊には六十俵を加えられた。この時に、横手、青木、馬場、折居、曽雌《そし》、入戸野その他多くの武川衆の子孫が、後に吉保が昇進していく過程で家臣として召し抱えられる中枢になる。

さらに天正十八年、秀吉の小田原城に家康も参戦したが、武川衆も大久保忠世《ただよ》に属して戦った。

この年八月に家康が関東入国（江戸入り）に伴って武川衆も甲州から出て、武蔵、相模などの各地に知行を与えられるようになった。

信俊は、武蔵国鉢形《はちがた》に約百十一石をもらい、さらにその後百二十石を加増されて二百三十石になった。

信俊が鉢形で死去したのは、慶長十九年（一六一四）十一月のことであった。六十七歳であった。信俊には、二人の男子と四人の女子がいた。信俊の跡を継いだのは兄の安吉であった。

だが、安吉は病気がちであったために元和元年（一六一五）の大坂の陣には、弟の安忠が代わって出陣した。この時、安忠は十四歳であり、秀忠から年少の従軍を賞賛されたという。

この弟が、長じて吉保の父親となる。

安忠は兄の安吉と共に駿河大納言忠長（家光の弟）付きとなって仕えた。将軍家の次男である忠長への出仕ということで安堵したのも束の間、忠長が失脚して改易処分となった。柳沢兄弟も不運としかいいようのない形で、禄を失ったのである。

忠長が改易された後、兄弟は同じ武川衆出身の米倉清継に預けられた。だが、元来忠長の失脚は柳沢兄弟には関わりがないことであったから、しばらく蟄居した後で兄弟ともに許されて、今度は将軍家光付きとして採用され、禄も二百三十石を戻された。

家光付けであった兄弟のうち、安忠が食録七十俵を与えられて新たに家光の末子であった綱吉付きになった。慶安元年（一六四八）のことである。綱吉はまだ三歳。徳松君と呼ばれていたが、三年後には六歳で十五万石を給されるようになる。

安忠がこの時に綱吉付きになったことが、この後の柳沢一族の運命を決定した。それはとりもなおさず、吉保という不世出の人物を世に出すことにつながったのである。

安忠は、その後綱吉の神田屋敷で、御広敷番頭《おひろしき》、勘定頭（勘定奉行）を勤めるなどして実直に奉公した。その忠勤ぶりが認められ、三度にわたって百俵ずつの加増があった。

こうして、戦国の武川衆は先祖伝来の甲斐武川という本貫の地を去り、近世の徳川家臣団にはっきりと組み込まれて、新しい時代に馴染むようになっていた。

吉保誕生

万治元年（一六五九）十二月十八日、江戸四谷門外堀端横町の柳沢屋敷で、安忠の嫡男が産声を上げた。柳沢吉保の誕生である。

昔の言い方をすれば「おじいさん子」である。父親が高齢で生まれてきた子を、このような揶揄《やゆ》した呼び方をしたという。

しかし吉保の誕生は、父親の喜びとは裏腹に悲劇を孕んだものであった。

吉保の生母は、安忠の正室・青木氏（安忠とは従兄に当たる武川衆を先祖に持つ青木信生の娘）ではなかった。

生母は佐瀬氏（津那子《つなこ》）という。佐瀬氏は、安忠の所領である下総国市袋村（一袋村とも書く）の郷士であった。遠祖は鎌倉時代の千葉家につながる。

津那子は、市袋村から領主の屋敷に礼儀作法の見習いとして住み込んでいた。正室青木氏の侍女のような立場にあったが、安忠の手が付いた。

いわば側室なのだが、津那子は吉保を産み落とすとすぐに実家に戻された。

正室の嫉妬の故ともいわれるが、その真相は不明のままである。津那子は、実家に戻った後で再婚し、さらに再婚相手と死別した後、再び再婚した。このため、吉保には父親違いの弟が三人いることになる。

それでも柳沢家の嫡男には変わりがない。世間の有り様に則《のっと》って、嫡男の誕生を祝う儀式が粛々と行われた。

十二月二十五日にはお七夜の祝宴があり、正室・青木氏の弟である青木喜左衛門信正が赤子に「十三郎」と名付けた。翌月（閏十二月）十九日には産土神《うぶすな》としての市ヶ谷八幡宮にお宮参りをした。

恐らく安忠は「実母と離されても赤子はすくすくと育つものじゃ。よいな。十三郎が成長した後も実母のことを当人に知らせてはならぬぞ」というような意味のことを、家中には釘を刺したであろう。

安忠は、吉保には哀れと思いながらも、実母は青木氏であるとして育てられる方が幸せであり柳沢家に波風が立たぬ、と考えたのである。

万治二年（一六五九）三月八日は箸始の祝い（お食い初め）があって、寛文二年（一六六二）十一月十五日には袴着の式、さらに寛文四年（一六六四）十一月十五日には帯始め式があった。こうした儀式の度に、内外の親戚が集まって身内だけでの祝賀が催され、「千秋万歳《せんしゅうばんぜい》」という祝辞を受けた。

幼い頃から吉保は、眉目秀麗《びもくしゅうれい》といえるような整った顔付きをしていたという。後に絵師に描かせた画像をみても、意志の強さを示すように顎は引き締まっている。

さらには、集まった身内の誰もが「この子は我らの希望の星でござろう」「将来が楽しみな秀才になろう」などという褒め言葉が寄せられたという。

安忠は、吉保には「何事も慎み深く」と教え、さらにはこんなことを言ったと、柳沢家の記録にある。

「小善を為すとも、小悪さえ為すな」

つまり、善は実行せよ、しかしたとえちょっとした悪であっても悪行を為してはならない、という教えである。

実際に吉保は、「慎み深く」「小悪といえども為さず」を父の教えとして生涯を守り抜くのである。

将軍継承外の綱吉

一方、五代将軍の綱吉は、三代将軍・家光の四男として江戸初期の正保三年（一六四六）正月八日、江戸城本丸で誕生した。吉保とはふた回り上の丙戌《ひのえいぬ》の年に当たる。

母は本荘光子という。後の桂昌院《けいしょういん》である。

綱吉には、兄に四代将軍になる家綱と甲府宰相になる綱重《つなしげ》、早世した亀松の三人がいて、姉は千代姫。弟に鶴松が生まれるが、これも早世する。

母の光子は、本当は京都堀川の八百屋の娘であり、本名をお玉。お玉は、家光の側室・お万の方付きの奥女中として江戸城の大奥にいたが、家光の目にとまり側室となった。そこで八百屋の娘・お玉という訳にもいかないので、二条関白家の家司であった本荘家の養女という名義で本荘光子と改めたのである。

大奥は、常にこのように虚飾で塗り固める場所でもあった。肩書きや名前も虚飾なら、生活そのものも虚飾に固められたもので、側室はまず「子を為すこと」が第一とされた。それも、男児を産まねば意味はなかった。

この光子が、間もなく懐妊した。家光にとって四番目の男児として誕生した綱吉は、幼名を徳松。

男児を産んだことで、お玉改め光子は、乗った玉の輿の上で未来を掴んだと言ってよい。

ところで、長兄の家綱は綱吉よりも五歳年長、次兄の綱重は二歳年長、亀松は一歳年長になる。

そして長兄の家綱は、慶安四年（一六五一）四月二十日家光が亡くなると、四代将軍に就任した。綱吉の名前は、元服した際に兄の将軍家綱の一字をもらって名乗ったものである。

この時点で、綱吉は将軍位については候補者の端にもいない。家綱に男児が生まれれば、自然にその男児が五代将軍になるはずだし、万一のことがあっても次兄の綱重がいる。綱重に男児が生まれれば、その子も将軍位の候補者にはなる。

こうした状況を見れば、綱吉は将軍位に関しては、スペアでさえなかったのである。

しかし生前の家光は、綱吉の聡明さを愛したという。

綱吉は、家光とともに江戸城内で育てられた。母の光子にとっても自慢の倅《せがれ》であったはずである。

だが、いくら愛されても父親本人が亡くなってしまったら、それまでである。綱吉に残されたのは母親（剃髪《ていはつ》して桂昌院と名乗っている）と、神田橋の屋敷、それに家光の生前に下賜された十五万石（駿河、甲斐、上野、信濃、近江、美濃の六か国のうち）だった。

家光に愛されていた綱吉は、僅か六歳で大大名になっていたのである。

それればかりか、寛文元年（一六六一）には、上州の館林に城地を賜り十万石を加増されて、二十五万石の館林宰相となった。

綱吉十八歳の時である。

なお同時に兄の綱重も、甲州二十五万石を賜り「甲府宰相」と呼ばれるようになった。

だが、綱吉は館林には家臣を配して、自らが領地にいることはほとんどなかった。江戸の神田橋にある神田御殿と呼ばれる江戸屋敷で、生母の桂昌院らに育てられていた。

少年時代、青年時代の綱吉は、品行方正、親孝行といったイメージで語られている。

そして母親の桂昌院は、家光亡き後に頼れるのは自分の息子だけであり、さらにはこの一人息子が可愛くて仕方がない。

いつの世にも母親は一人息子に甘く、育て方にも厳しさはない。桂昌院も現代の教育ママたちと少しも変わることなく、時には甘やかし、時には厳しく育てたようである。

息子の方も、そんな母を好きで堪らない。長じて「四書五経」に親しむ中で綱吉は「孝行」の意味を知り、それを一途に母に向けた。母もそれを喜んだ。

普通の家庭であれば当たり前のことであるが、綱吉は将軍家の倅であった。母は、後に自分の息子が将軍になるとは思っても見ない。だから家光に言われたことだけは忠実に実行した。「学問好きな子に育てること」である。

それが綱吉の儒学への傾倒になった。

生前、桂昌院は家光からこう言われたのである。

「儂《わし》は幼年の頃から武芸を好み、少壮になってからは徳川将軍としての大任を負った。そのため読書の暇もなく、文芸にも力を入れることはなかった。今に至ってそれを後悔することもある。この徳松（綱吉）は、生まれ付き頭が良く、学問の才能もある。だから良き師を選んで今から儒学を学ばせ、賢者の道に進ませれば、将来世の役に立つひとかどの人物になるに違いない。そなたも心を入れて徳松に儒書を読ませるように務めよ」

こうして桂昌院は、幼い綱吉に儒書を読ませた。そのために、綱吉は病床にある時でも書物を手放すことがなかったといわれる。

綱吉が京都から正室を迎えたのは、寛文四年（一六六四）九月、十九歳の時であった。関白鷹司《たかつかさ》氏の姫で名前は信子といった。「小石の君」とも呼ばれたが、彼女には生涯子どもはなかった。

この時点でもまだ綱吉は、将軍位の継承者としては「蚊帳《かや》の外」にいる。

桂昌院像

運命の初対面

寛文四年（一六六四）十二月十八日、七歳の誕生日に吉保は名前を、十三郎から「主税《ちから》房安」と名乗った。

そして、七歳の誕生日のこの日、吉保は父に連れられて神田にある館林宰相屋敷に赴いた。綱吉は、吉保が生まれた四年後の寛文元年に、館林二十五万石の領主になっていた。同時に、綱吉の兄・綱重が甲府宰相とされた。

いずれの地も、徳川幕府にとっては要衝の地であり、一家一門以外に領有することを許されない国である。

父に連れられて神田屋敷を訪れた吉保を、綱吉は待っていた。ちょうど『大学』を勉強中であった綱吉は、安忠と吉保を書院に招いた。

吉保が正式に綱吉から『大学』を学び、学問上の弟子になるのは二年後の九歳からである。この初お目見えでの綱吉は、ちょっとした触りを聞かせただけのことであった。

綱吉はしばらく『大学』を吉保に聞かせた後で突然、「本日はここまでじゃ。さ、屋敷の中を案内しよう」というようなことを言って、吉保の手を取り、屋敷中を案内して回った、という。

綱吉は、この時十九歳。その綱吉が、七歳の吉保の手を引く姿を想像するだけでも面白い。

綱吉は、癇《かん》が強く、人見知りも激しい人物として知られる。それだけに、このシーンは微笑ましい一コマとして印象に残るのである。よほど、吉保を初対面から気に入ったとしか考えられないのである。

父親である家光の言葉「学問をさせよ」によって、母の桂昌院は綱吉は子どもの頃から「四書五経」を中心に儒学を学ばせた。その結果が、学問好きな綱吉の現在につながったのであった。

吉保は、綱吉が言葉を掛ける度に「はい」と気持ちのよい返事をし、丸い瞳をくりくりっと輝かせて、綱吉の顔を見たに違いない。

綱吉には、これまで小姓など年少の者たちとの付き合いでは感じることのなかった温かい親近感が、吉保に対して生まれていたに違いなかった。

綱吉と吉保の初対面は、このように異例な形で進行したのである。

多分、綱吉の吉保への慈愛は、家臣への慈しみとは性質が違ったものであった。もっと感情の動きが細やかな慈愛であった。まさに、兄弟のような感情ではなかっただろうか。

また吉保の綱吉に対する敬慕は、単に主君に対する家臣の敬慕とは種類が違っている。

初対面で、二人はこのように感情的に何のためらいもなく「兄弟」のような慈愛と敬慕を抱き合ったのである。それは、男色とか、そういった愛情や感情ともまた違ったものである。

これが綱吉と吉保にとって運命的な出合いであった、という以外に考えられない。

綱吉と吉保が、お互いに戌年生まれであった。同じ干支《えと》であることも、綱吉にとっては「運命的な出合い」を意識させる一つの要素になったこともあろう。

吉保は確実に綱吉にとっては「擬似的な弟」であり、吉保にとって綱吉は「兄以上」の存在となったのではないか。

吉保が、終生綱吉にとって忠実な家臣であり続ける理由は、まさにこの出合いにあったに違いあるまい。

祖先武田家の恩

吉保には大人になっていく過程で、まだいくつかの儀式が用意されていた。

寛文六年（一六六六）十一月十五日、九歳になった吉保は、手綱始めの儀式に臨んだ。安忠の正室・青木氏の甥に当たる青木市右衛門が、吉保に手綱を贈った。

そして寛文十二年（一六七二）十一月十五日には「半元服」ということで、家臣の曽禰《そね》権太夫が理髪の役を務めた。さらに翌年（九月に延宝と年号が代わる）の十一月十五日には十六歳で元服し、それまでの稚児姿から男姿に変えた。

吉保は、額の髪を剃られ、童子から大人になったのである。

この時に、通称も房安から佳忠と改めた。この後には信元と再び改め、さらに家督相続に伴って保明と改めた。以後、元禄十四年（一七〇一）に、綱吉から「吉保」の名をもらうまでは「弥太郎保明《やすあきら》」を名乗り続けた。

吉保の元服がすむと安忠は、家督相続と嫁取りを吉保に告げ、さらに今後吉保が柳沢家の当主となってから、必ず継続すべき柳沢家の方針について話している。

柳沢家は奇跡のように戦国時代を生き残り、徳川幕府の中で禄を戴き、一家を養うことが出来た。決して裕福ではないが、それでもこうして暮らせることは皆、先祖のご加護あったればこそ。

このような趣旨のことを言い、さらには武田信玄について言及したことは確かである。

次ような言葉が、吉保には与えられたのであろう。

「亡き信玄公の御恩を忘れてはならぬ。今は滅びた武田家だが、武田家があったればこその柳沢家である。さらには、我らの一族として結束して戦国時代を乗り切った武川衆の存在を忘れてはならぬ。儂が、事あるごとに青木などを身内として呼ぶのは、そうした武川衆の結束を忘れぬ為である。そなたも儂同様に、武川衆を頼り、武川衆から頼られる。そうした関係を今後も継続するように」

吉保にも、父親の言葉の重さはよく分かっていた。吉保は、生涯にわたって「忠孝」を実行し続けるのをみても分かるように、父親に対しても素直で従順な倅であった。

吉保元服のこの年は、武田信玄没後百年という記念の年に当たっていた。

時の甲斐国恵林寺《えりんじ》住持・荊山《けいざん》玄紹は四月十二日の命日に「信玄百回忌」を盛大に修した。荊山は、この法要に先立って諸国の武田旧臣関係者に回状を発して法要執行を告げた。

武田旧臣の子孫たちは、尾張、紀伊、水戸様などの御三家をはじめ、井伊殿など諸大名に随身している。柳沢一族は館林宰相綱吉に仕えていたが、ほかに甲府宰相綱重に仕える旧臣たちも多かった。

また、武田旧臣の子孫で大名に出世していたのは、土屋、内藤、真田、諏訪、米倉の諸氏であり、曲淵、横田、三枝、岡部、初鹿野、依田、駒井、石原氏らは大身の旗本に登用されていた。

そうした大名、旗本に比べたら柳沢氏などは「その他大勢」ということになろうが、安忠の矜持は、彼らに引けを取るものではなかったであろう。

安忠は、しかし、分不相応のことも出来ない。彼らを出し抜くことも出来ない。そこで、銀一枚を贈った。そこでまだ元服前ながら吉保は、別に柳沢弥太郎として金一歩を寄進している。

恵林寺に残されている「寛文十二年信玄忌奉加帳」によると、荊山の回状に応じた武田旧臣の子孫は、実に五百九十二人となっている。そのうちの館林宰相幕下三十三人の名前に、安忠に続いて四番目に「柳沢弥太郎」の名前が記されている。

この五百九十二人による浄財によって荊山は信玄忌を厳粛に修して、同時に信玄宝塔を再建した。これが現在、恵林寺に残る山梨県指定史跡「信玄公墓」である。

仏教への信心が目覚める

元服した吉保の正室として候補に上がったのは、同族ともいえる曽雌《そし》甚左衛門定盛の次女・定子であった。聡明で優しく、和歌にも秀で、禅宗への信心も篤い女性である。

安忠が勤めを辞め、その家督と勤務を吉保に譲ったのが、延宝三年（一六七五）七月十二日のことであった。保明は、弥太郎保明を名乗った。家禄五百三十石はそのまま、吉保に与えられた。

安忠に替わって館林家に仕えるようになった吉保は、小姓組番衆に入った。吉保の年齢などを考慮に入れれば、小姓程度で仕えるのが普通のことであろう。

なお、館林家を切り盛りする家老には、牧野成貞《なりさだ》が就任していた。

この十二月に、吉保は父親の決めた曽雌定子と婚約し、翌年の二月十八日には華燭の典が執り行われた。この時、吉保は十九歳、定子は十六歳であった。

曽雌という名字は珍しいが、先祖は武川衆の一人であり元々柳沢家とは親戚に当たる。しかも、父の安忠の異父兄である曽根孫右衛門の娘、すなわち吉保には年の離れた従姉になる人であるが、曽雌氏に嫁いで娘を生み、さらにその娘が一族の曽雌盛定に嫁いで生まれたのが定子、という関係である。

いかに柳沢家の人々が、祖先につながる「甲斐源氏」「武川衆」を信頼し、大事にしていたか、がこうした出来事を通じてよく分かる。

そしてこの頃になると、吉保も思春期や青年期特有の「正体の分からない悩み」を持ったようだ。

自分自身でも心の裡が理解出来ないまま、鬱々とした日々を送ろうとしていたのか。そんな吉保に、江戸小日向にあった妙心寺派龍興寺の禅僧・竺道祖梵《じくどうそぼん》について学んでみたらどうか、と提案したのは定子であったらしい。

というのも、この龍興寺は定子の菩提寺だったからである。

吉保が、山門を潜った理由と経緯を正直に話すと、祖梵は黙って頷き公案を吉保に与えた。公案とは、道を悟るために与えて工夫させる禅の問題をいう。

その公案をもらって考えることが、今の吉保が当面している正体不明の心の悩みを解く鍵になる、と竺道祖梵は考えたようである。

与えられた公案は、次のようなものであった。

「僧、雲門に問ふ、不起一念、還って過ありや、またなしや。門曰く、須弥山」

吉保は、与えられた公案を押し頂いて屋敷に戻った。そして、考えに考えた。公案に悩む吉保の心の裡が、次第に晴れて来たのはこの後十数日のことであったと伝えられている。

答えが出た訳ではなかったが、それまで何で鬱々としていたのかが、馬鹿のように思えてきた、というのである。どうやら吉保は、人生というものについて、どうあるべきなのか。こうあるべきではないか。そんな悩みにとらわれていたらしかった。

現代で言えば「地球を救うために自分が出来ることは」「文学は世界を救うことが出来るのか」式の若者らしい悩みであったようだ。

思春期の若者らしい悩みから解放されてみると、吉保の心の鬱は晴れていたと思われる。考えてみたってはじまらないこともある。そう思ったのかも知れない。

この公案の答えを吉保が提出したのは、それから十八年後のことであり、竺道祖梵はすでになかった。答えを出したのは祖梵ゆかりの別の禅僧に対してであった。

また、この龍興寺訪問をきっかけに吉保が生涯禅と離れることがなかったのは、その歩みに記されている通りである。妙心寺派のみならず、後に黄檗宗《おうばく》などの禅僧と交わりを結び、最晩年は黄檗八代の悦峰《えっぽう》上人に帰依したほどであった。

こうした仏教への信心の目を開かせたのが、正室の定子であった。

実母の存在を知る

吉保二十歳の年の六月、父・安忠の正室である青木氏が病死した。

母が病いの床に就くようになってから吉保は、看病に当たり、自分の乳母を呼び寄せて看護にも当たらせた。

そこまでした母親の死に、孝行者であった吉保の胸は張り裂けんばかりになったであろう。

青木氏は市ヶ谷の月桂寺に埋葬された。

その葬儀が終わった晩、吉保は父親から思わぬ事実として「おまえには実の母がいるのだ」と告げられたようである。

その瞬間の吉保のショックは、容易に察しが付く。

乳母に育てられたとうはいえ、成長してからは青木氏は母親として吉保に優しく接し、当然のことながら吉保は孝養を尽くしてきたのであった。

その母上が、実は生みの母ではなく、別に本当の母親がいたという事実は、吉保を新たな悩みに導いたようである。だからといって「実の母は今どこに」などと軽々しく尋ねる性格の吉保ではなかった。

後に安忠の口から、実母のことについて聞かされる機会があったという。

記録によると、吉保の実母は下総市袋村の佐瀬という者の娘であった。名を津那子といった。この家を去り市袋村に戻ってから再嫁した。そこで一子を生むが、再嫁先の夫に死別し再び実家に戻った。その後、さらに再嫁して二子を為した。ともに男子であった。だから吉保には異父弟が三人いることになる。

後に、吉保はこの実母・津那子を引き取って柳沢家で面倒を見るようになる。また、異父弟の三人を共に身の立つように処遇するのである。

母が最初に再婚した際に生んだ佐瀬隼人と、次の再婚で生んだ兄弟のうち兄の大沼大蔵は、後に柳沢家の家臣となり、さらに柳沢姓を許されて重臣になる。また、弟の方は後に吉保が武州多福寺を建立した際にその開祖となった琥芳である。

棚ぼた将軍誕生

一方、綱吉はというと、三代将軍の家光が亡くなると、予定通りに家綱が四代将軍位を承した。家綱はこの時十一歳である。

家光が死に臨んで家綱の補佐役として命じたのは、保科正之（家光の異母弟）を筆頭に、井伊直孝、酒井忠勝、松平信綱（知恵伊豆）、阿部忠秋という一級の人物たちであった。家綱はこうした補佐役たちによって、温厚ではあるが柔弱、言動は激しくはないが優柔不断に育てられた。いわば家綱は、凡庸な将軍であった。

凡庸というよりもむしろ、「管理しやすい将軍」に仕立て上げられたのかも知れない。

さらに家綱自身は病弱なこともあって、政事《まつりごと》はすべて老中などに委ねられた。

しかし時間は、正之ら補佐役をあの世に連れて行く。阿部忠秋を残して、彼らは彼岸の果てに去った。

そこに登場したのが、老中首座（大老）に就いた酒井讃岐守《さぬきのかみ》忠清である。忠清は、家康の少年期以前から徳川家に尽くしてきた酒井雅楽頭《うたのかみ》忠世の嫡流であり、しかも松平を名乗っていた徳川家とは親戚という関係もあった。

いわば、譜代大名として家格も高く、門閥から出た老中としては申し分のない人物とされたのが、忠清であった。

「管理しやすい将軍」を操るのに、忠清は悪びれない。その屋敷が、江戸城大手門外の下馬札近くにあったことから「下馬《げば》将軍」といわれるほどに権力を握った。

家綱は、政事には不干渉という立場を崩さない。だから実質的に二人の将軍がいるようなものであった。酒井忠清に対しては

「人なきごとく思い、御加増、御役儀仰せ付けられるも、みな自分に媚び諂《へつら》う者どもなり。それも一度この人の気に違えば、たちまち改易、閉門など容赦もなく申し付けられしほどに、人々恐れをなして、この人の気に入るようにとのみ勤めたりしほどに、忠清いよいよ我意を振るいける」

などという評論が残されるほどの専横ぶりであった、という。

こうした周囲の環境（将軍家、老中、大老、御三家それぞれの思惑）の中で、延宝八年（一六八〇）というエポックメーキングな年を迎えるのである。

ちなみに本書の主人公である柳沢吉保は、まだ二十三歳であり、柳沢弥太郎保明と名乗る館林《たてばやし》宰相綱吉の小姓番組頭にすぎない。家禄は五百三十石（正式には百六十石、蔵米三百七十俵）をもらっている。それは父親の柳沢安忠が、長年を誠実に仕えてきた結果の家禄であった。

この年の四月に入ると、将軍家綱が重病に陥った。

そこで老中などは、次期将軍位を誰にするか、で侃々諤々《かんかんがくがく》の論議になっているという。

というのも、家綱の在位は三十年にも及んでいるが、その間の政事はすべて補佐役や老中に任せきりであった。そのうえ病弱であった家綱は、跡継ぎには恵まれなかった。

また次男の綱重は、一子・綱豊《つなとよ》をもうけたが、二年前の延宝六年（一六七八）に若くして病死している。

つまり延宝八年という、この重要な時点で家光（徳川宗家）の血筋を引く者は、館林宰相綱吉と、その兄である甲府宰相綱重の嗣子・綱豊しかいなかったのである。

本来であれば、家綱に万一のことがあった場合、綱重が後を継いで五代将軍になり、その嫡男の綱豊が六代将軍という順序であったはずだが、その綱重が死んでいる以上、次期将軍候補は、綱吉か綱豊ということになるのが順当である。

それでも候補がいない場合にのみ、御三家から将軍候補が

出ることになる。

ところが、あろうことか大老の酒井忠清は、四代様の後継には京都から宮将軍を迎えて、これを五代徳川将軍に、という意向を持っていた。

それを老中に披瀝したが、誰も「それは」と内心で思いながら、表立って反対出来ない。それほどに忠清の権勢が恐ろしかったのである。

酒井忠清が、擁立しようという宮将軍とは有栖川幸仁親王《ありすがわのみやゆきひとしんのう》である。時の天皇である霊元《れいげん》帝の甥に当たる。

霊元帝は、二代将軍・秀忠の娘であった和子を中宮とした後水尾《ごみずのお》天皇の第十八皇子である。後水尾天皇は、譲位して上皇となった後も明正《めいしょう》、後光明《ごこうみょう》、後西《ごさい》、霊元と自らの皇女、皇子を次々に天皇にして死ぬまで院政を敷いてきた。

霊元帝は、その後水尾天皇に似て幕府に対して一歩も引かず、強硬姿勢を持ち続けている。そうした状況が、忠清に「宮将軍を」という考えを持たせたともいえた。

忠清の言い分は、鎌倉幕府で源頼朝公の血が絶えた時に、親王を将軍位に据えた北条家に倣《なら》おうという考えであるという。

ここで「すると、あなた様はその北条執権になろうというのか」と、忠清を糺《ただ》す老中は一人もいなかったらしい。

だが、前年に老中となった最も新参の堀田正俊《ほったまさとし》は、敢然と忠清に反対の意向を明らかにした。この場での、たった一人の反乱である。

他の老中たちは、よせばいいのに、大変な目に遭うぞ。そんな視線を正俊に送ったようだが正俊は、意に介しない。正論を吐くのみである。

正俊の中にあった正義が下馬将軍への怖れに打ち勝ったのか。「冗談ではない。正しき御血統を踏む徳川御一門がおいでになるのに、どうしてよそから、それも宮中から徳川の血のつながらぬ将軍をお迎えしなければならないのでありましょうか。さらに申すならば、御三家もあります。拙者はそのような大老讃岐守殿のお考えには納得出来かねます」と、堂々も論陣を張る正俊の意見は、後世の私たちからみても正しい。

正しいだけに忠清には気に入らなかったはずである。

そうこうするうちに、五月五日がやってきた。

この日、家綱は危篤に陥った。

幕閣は、今後を早急に決定しなければならない。御三家にも伺いを立てたが、御三家からも誰も何も言ってよこさない。

これはつまり、自分の主張する宮将軍に御三家も異論なしということではないか、と大老忠清は、受け取ったのであった。忠清は、たった一人異論を述べる正俊を無視する行動に出た。

幕閣の意向は、宮将軍に決定する寸前にあった。この瞬間、正俊の腹は固まったといわれる。ならば、かねてからの考えを、一人実行に移すのみであると、正俊は考え、実行に移した。

その夜、正俊は酒井大老と老中らが退出したのを見計らって家綱のいる中奥に足を運んだ。忠奥ではお坊主たちが阻止しようとしたが、それを無視して正俊は家綱の枕元に至った。正俊の正義が、習慣を無視しても構わないという自信になっていたのであろうか。

『徳川実記《じっき》』などの公式記録では、堀田老中が家綱に召し出されたことになっているが、実は正俊が危篤の家綱を訪ねて、詳しい報告をしたのであった。

危篤の家綱には、ほとんど判断能力は残っていない。しかし、正俊は「事が重大ゆえ」とばかり、家綱に経緯を書いた意見書を差し出し、さらに家綱の耳元で自説を述べた。

家綱は、苦しい息の下から「綱吉を跡継ぎにすることが望ましい」という御意を正俊に告げ、一枚の書き付けを差し出した。そこには、正俊の上申書に同意する言葉が記されていた。

言葉だけでなく、家綱自身が綱吉を自分の跡継ぎとして認めた書き付けであり、そこには家綱の花押《かおう》も記されていた。本物の証明書である。

正俊の電撃作戦が功を奏したことになる。

となると、綱吉と家綱との養子縁組が必要になる。

いくら将軍の弟であっても、そのまますんなり将軍位に就けるというものではない。綱吉は、兄である家綱の養子という形でしか五代将軍の座に就くことは出来ない。

綱吉が、徳川家における「最初の養子将軍」というのは、こうした事情によるものである。

ただちに神田の館林綱吉の邸に使いが立てられ、綱吉は病床の兄・家綱と対面した。家綱は、苦しい息の下で「将軍の大任をそなたに譲る」という意味のことを述べたという。

そこにただ一人、将軍継承に立ち会ったであろう正俊が、綱吉に祝いの言葉を贈った。

こうしてすべての事柄が終わった後の夜半に、再び酒井大老と他の老中に登城の招集が掛かった。そして以下のような展開になったと思われる。

何事か、と集まった重臣の前で正俊が、最前の事柄をすべて話した。

「それはあんまりのこと。一度は、宮将軍で決まったではないか」と驚き、怒りで震える忠清を前に、堀田は言った。

「しかし、ここにあるのは将軍家の紛れもなき自筆の書き付けでありますぞ。これを覆す何ものが存在しましょうや」

忠清は、言葉を失った。居並ぶ老中も、顔は青ざめて声も出ない。

「目出度く五代将軍が決定しました」

正俊が、忠清にとどめを刺すような言い方をして、恭《うやうや》しく頭を下げた。

忠清は茫然自失としたまま、よろよろと立ち上がった。

いわばクーデターともいえる忠清の、「宮将軍擁立」は失敗に終わったのである。

こうして「大逆転」が起きた。徳川の血筋は残り、思いもしなかった将軍位が綱吉に落ちたのであった。

こうしたごたごたや幕閣の意思不統一が、後に綱吉の立場を強くしたのであろう。将軍位に就いた綱吉は、独裁的な政治路線を突き進むようになる。

綱吉は五月七日、家綱の後嗣として江戸城二の丸に入った。その翌日の八日、家綱が病死した。四十一歳であった。

ちなみに、大名家の格式によると、将軍の死亡は公式には「薨去《こうきょ》」という。御三家は「逝去《せいきょ》」、諸大名は「卒去《そっきょ》」という言い方をする。これによれば、家綱の死は正式には「薨去」である。

また、古代から朝廷では官位が六位以下の場合には「死」という言葉を使う。五位以上なら「卒」、三位以上では「薨」となる。大名の死亡には、これらが参考にされた。

吉保の出世物語スタート

さて、柳沢弥太郎保明（吉保）である。

吉保は、綱吉のお気に入りであった。館林宰相時代の綱吉には、小姓番組頭として仕えていた。

そして、四代将軍家綱から綱吉へのバトンタッチの出来事のすべてを、小姓番組頭として見続けていた。その時の態度も「誠実」で「寡黙」を貫いたという。

綱吉が、「棚からぼた餅」のように五代将軍の座に就いたのを、最も喜んだのは母親の桂昌院であったろう。

土佐光起が描いた徳川綱吉の肖像画

もちろん吉保にとっても望外の喜びであったはずだ。しかし、まさかそれが空前というほどの自分の将来の出世につながるとも思ってはいなかったであろう。

吉保は、この綱吉の将軍位就任を前にしても「ただただ忠勤を励むべし」と、自らに言い聞かせたのみであった。

そして吉保自身もこの日から、館林宰相という大名家に仕えるのではなく、将軍家に仕えることになったのである。

この年の延宝八年（一六八〇）十一月三日、吉保は将軍家の小納戸役を仰せ付かった。

吉保の日常や挙措は、綱吉が館林宰相時代からずっと見てきたことであり、その勤務態度が綱吉には随分と気に入っていたに違いなかった。それが、吉保の抜擢人事になったと見ることは出来よう。

小納戸役《こなんどやく》は、小姓に準じて将軍の日常諸事をこなす役割である。布衣《ほい》の格式で、役高（給与とは別の役職給のようなもの）は五百石という。布衣とは六位相当の官位をいい、六位の者が着用を許される礼服「布衣」を着ることが出来る格である。

吉保のように、陪臣であった身が将軍の直臣になるということは、二十三歳の若者にである吉保にとっては驚くべき待遇の変化であった。

吉保は、小納戸役としての自分の立場にありながら、大老酒井忠清の去就を注目して見ていた。冷静に判断し、冷静に事の成り行きに目を配った。

その結果、補佐役の責任について、次のような考えを持ったと思われる。

まず、補佐役は主君と主家の安泰、無事を第一に思わねばならぬもの。補佐役は主君を助けるべき役割であって、どのような栄華が待っていようと、それは本来身に纏うべきものではない。補佐役としての誇りは忘れてはいけないが、思い違いをして驕りに変化させてはならない。権力を握ると、人は往々にして酒井忠清のように自惚れて身を滅ぼす。そうあってはならない。

綱吉から教えられた学問『荀子《じゅんし》』の一節に、こんな言葉がある。多分、吉保の好きな言葉であるはずだ。

「満つれば則ち覆る」

これは、得意になって驕《おご》る者は必ずや亡びるのだ、という意味である。大老としての役割は将軍の補佐である。吉保の胸に刻まれた出来事が、忠清失脚であったことは想像に難くない。

翌年、元和元年（一六八一）四月二十一日には、吉保はその「布衣」を着ることを正式に許された。武家社会では「布衣の列に連なる」といい、一定の格式の仲間入りをしたことになる。

吉保は、さらに四日後の二十五日に「家禄三百石（上総山辺郡のうちに拝領）」を加増されている。柳沢家がもらっていた五百三十石に加え、その知行高は八百三十石になった。

この瞬間、吉保は父を超えた。もっとも、吉保にそんな不遜さを思うことはなかったはずである。「忠孝」を行動原理とする吉保には、そのような思いよりも、父を喜ばせることが出来た、という思いの方が大きかったに違いあるまい。

第二章　将軍綱吉の実態

厳しい制裁

いずれにしても、五代将軍の座には、将軍候補のスペアでさえなかった綱吉が就くことになった。酒井大老だけではなく、老中も大名たちもこの結果には、唖然としたはずである。

綱吉は自らの政権の大老には、最大の立役者であった堀田正俊を据えることにした。

しかも正俊に対しては、下総古河に転封させて知行を四万石から一挙に九万石に加増させた。後にはさらに四万石を加えて十三万石の大身に取り立てている。

僅か三年ほどで四万石から十三万石への昇進ぶりは、異常ともいえるものと周辺には映ったに違いなかった。

思ったことは必ず実行する。これが綱吉である。

それは論功行賞ひとつみても分かる。それはいつの世にも、いつの社会でも同様である。選挙などの際の論功行賞はいつも問題にされるが、人間のやることに変わりはなかろう。

一方、酒井忠清は、十二月になって綱吉に呼び出され、「出仕は折々（時々）として、ゆるゆる養生せよ」と申し渡された。

病人を労るような表現ながら、これが大老罷免《ひめん》の命令であった。同時に、忠清は大手門前の屋敷を召し上げられた。そのまま屋敷は新しい大老の堀田正俊に与えられたのである。

老中になってから二十七年、大老に就任して十四年間を幕府の重鎮として実権を握り続けた忠清の失脚は、幕閣を震撼させた。

しかし、考えてみれば綱吉の気持ちも分からない訳ではない。自分を将軍位に推薦しなかったばかりか、徳川家とは関わりのない宮中から時期将軍を迎えようとしたことは、「無血クーデター」なのだから、忠清をそのままにしておく訳がない。

しかも、綱吉は許せないと思ったならば一生許さないという執念深い性格も持ち主なのだから。

忠清は、隠居して半年後に病死するが、憤死のようなものであった。（一説には自刃ともいわれる）

綱吉の厳しい措置は、まだある。

罷免されたのは、忠清ばかりではない。土井利房、久世広之、稲葉正則らも罷免に近い形で老中を辞めさせられている。

いずれにしても「宮将軍擁立」は酒井忠清が先導した事件になっている。しかし、その真相は闇の中である。誰がどのように関与したか、恐らく綱吉は五代将軍に就任してから堀田正俊らに調査させたであろう。だが、肝心の忠清が隠居後半年で死んでしまっては、死人に口なし、である。

しかし綱吉は、自分なりに「事件」の概要を把握していた可能性はあろう。

周囲を恐れさせる執念深さ

綱吉は、棚ぼたの将軍であったが、それだけに「善政を敷く」ことに燃えた。新しく大老に就任した堀田正俊も同様である。

それが後に、綱吉の初期政治として「天和の治《てんな》」といわれるほどの実績につながっていく。

天和元年（一六八一）四月、吉保は従六位下布衣を許された。布衣とは、麻や太布などで作った狩衣の別称であったが、この時代には六位以下、または御目見以上の者が着用する無紋の着物をいった。この布衣が、吉保に許されたのである。

この時、吉保は三百石を加禄された。吉保の知行は合計八百三十石になった。

さらに六月初めには、綱吉に特に召されて学問の弟子になることを許された。吉保は将軍綱吉の幕臣でありながら、綱吉を師とする学問上の弟子になったのである。九歳の時とは違った意味で、吉保は本格的に綱吉の弟子になったことになる。

以後の吉保の、綱吉との二人三脚の縁がこの時に結ばれたようなものであった。

綱吉が将軍としての威厳を見せ始めたのも、この六月だった。

六月二十一日、綱吉は江戸城大広間に御三家、譜代大名、老中、若年寄など幕閣の中枢にある者たちを集めた。「越後高田藩のお家騒動の再審」であった。

このために綱吉は、四か月も前から幕府の評定所で再審を開始させ、証言や証拠を提出させてきた。さらには、越後の高田藩に大目付を派遣して調査も進めている。

その結果を基にして、綱吉は再審の評定に臨んだのである。本丸大広間中段の間に着座した綱吉を、遠くから吉保は窺っていたであおる。というのも、この中段の間に小納戸役は入れないからである。

お家騒動の両派が召されて、言い分を開陳した。

すでに綱吉が将軍位に就く前年に、家綱の裁定として（実際には大老酒井忠清の裁定であったが）判決は下っていた事件である。

これは、徳川親藩である高田藩二十六万石をめぐって起きた御家騒動であり、藩主の松平光長の下にいた家老・小栗美作《おぐりみまさか》が、藩政を自由にした廉《かど》で訴えられたが、結局小栗派が勝利し、それを訴えた別の家老たちが成敗された事件であった。

だが綱吉は熱心にこの事件の再審に取り組み、この日の招集となった。

両派の陳述が終了すると、綱吉は「これですべてが分かったぞ。皆々、退出せよ」と、大声で言ったという。

大広間全体に響くような、大声での一喝であったと記録されている。この大喝にそこにいた者は、思わず平伏し、恐れ慄《おのの》いたとされる。

無理もなかった。これまで家綱の時代には、すべてが大老任せの政事であって、将軍自らが「親裁《しんさい》」するということはなかった。

翌日の「親裁」公表では、綱吉はもっと幕閣を驚かせた。大老酒井忠清の判決を覆し、喧嘩両成敗の慣例に従って、お家騒動を起こした双方に処罰を与えたからである。処罰は、小栗らの切腹と他の家老らの八丈島への流刑《るけい》であった。

高田藩二十六万石は改易に処せられて、藩主の松平光長は、伊予松山藩にお預けとなった。さらに幕閣を震撼させたのは、大目付の渡辺綱貞《つなさだ》が八丈島に配流となったことであった。その理由は、「先の判決に際して、綱貞は大老酒井忠清や老中久世広之らの言うことだけを聞いて裁決を下したことは職務怠慢」というものである。

御三家も幕閣も、この厳しさに慄然とした。

また、それにしても綱吉がこれほどまでに執拗だったとは、と幼い頃から綱吉を知っている牧野成貞《まきのなりさだ》も驚いたほどであったろう。成貞は、延宝八年（一六八〇）十二月に、側用人に取り立てられていた。この時期の側用人は、文字通り、将軍の側近くに仕えて諸事を老中などに伝える役目をいった。

成貞は当初本丸勤めの御側衆となり、一万三千石の大名に取り立てられた。成貞もまた、綱吉の将軍就任とともに出世の糸口を掴んだのである。その後、側用人になったが、この役目は、御側衆よりも遙かに地位が高く、老中に準ずる地位であり、若年寄の上に位置した。成貞の側用人就任は、正俊の大老就任と同時であった。

だから、この御三家までを招集した評定の席には当然、成貞も出席している。

綱吉による判決と処罰は、忠清の子や久世広之の子らにも「遠慮（出仕停止）」という形で及んだ。さらに越後高田藩の分家である遠州姫路の松平直矩《なおのり》、出雲広瀬の松平近栄《ちかよし》らが閉門を命じられ、翌年には両藩主とも知行を半減されることになる。

御三家も譜代大名も「新しい上様は、かなり執念深い」というのが、一致した綱吉への評価となった。この再審は、綱吉の「執念深い性格」の一部を露呈したものとして受け取られたようである。

ひそかに光圀なども震撼した口であったろう。「うっかりしたことは出来ぬぞ」。

綱吉の関心は、やはり忠清が越後騒動の裁定をする以前に関係した伊達藩の「伊達騒動」にも向かった。

忠清の裁定によって辛うじて六十万石を安堵されたいわゆる「仙台騒動」であった。

当主の伊達綱村は、再審を告げられて首を竦めた。越後高田藩の二の舞を恐れたのである。

綱吉は、しかし呼び出して親しく話した綱村に対して好感を持ったという。綱村の何が気に入ったのか、は不明ながら仙台騒動は不問に付されることになった。

この後の日光東照宮の増築工事を引き受けた綱村が、自ら普請の陣頭指揮を執ったことを知って、綱吉はその功労を賞し、脇差しを与えたほどであったが、綱村は親しい家臣にこんなことを語ったと伝えられる。

「江戸城で将軍に拝謁する時に、家綱公のお顔は必ず拝することが出来た。しかし、綱吉公のお顔は窺うことさえ恐ろしかった。見られているかと思うと、思わずこちらで顔を伏せてしまっている」

綱吉が放った「親裁」という矢は、御三家、大名に恐怖を与えたのであった。それほどまで、綱吉は執念と恐怖とをこの再審などで見せ付けた。さぞや、御三家も大名家も、綱吉を畏怖したことであろう。

学者将軍の善政

しかし、吉保にはそのような綱吉も恐ろしくはなかったであろう。綱吉に忠勤を励む限りは、決して怖い存在ではないし、本能的に綱吉の中にある「執念」などを察していたからである。

だからといって綱吉を軽く見ていた訳ではない。吉保は、小納戸役に抜擢されて以来、そのほとんどを江戸城内に宿直し、約九年間は屋敷に戻ることも稀であったという。

人によっては「そこまで将軍様におもねり諂《へつら》わなくともよいではないか」と、陰で言う者もあったが、これは吉保にとっては、決して阿諛追従《あゆついしょう》ではなかったはずである。

それが吉保なりの忠勤であると思われる。

吉保は悪びれずに、宿直を続けた。その間に何度も綱吉から呼び出されては、学問を授けられた。綱吉は『大学』の第一段第一節から吉保に講義したのである。

「大学の道は、明徳を明らかにするに在り。民に親しむに在り。至善に止まるに在り」

綱吉は内容を諳んじてから、通釈を伝える形を取った。今の学習と同じである。その意味は、次のようなものである。

「学問の完成として習得すべき道は、英明な徳を天下にくまなく明らかにすることにある。あまねく民を愛し大事にすることにある。中でもその根本になるものは、常に完全無欠な善を拠り所として実行することにある」

この『大学』第一段第一節こそが、将軍として綱吉が目指す道であろう。

「民を大事にする。民が苦しまないようにする。その牽引となるものは善である。完全無欠な善である」

この先、綱吉が次々に振り出す法令の根拠がここにあったと思われるからだ。

それを端的に示す例がある。

綱吉は、越後高田藩の「親裁」を終えた後の九月、安宅丸《あたけまる》という幕府の大船を破脚した。三大家光に時代に建造された二百挺立ての櫓を持つ大型船で、四百人もの水主を必要としたために十万石の土地から上納する年貢米が出費された。

これこそ無駄な出費であった。それでなくとも相次ぐ凶作で米価が狂騰し、町人も百姓も食えない者が続出していた時期である。この遊覧用の大型船を壊し、将軍自ら質素倹約の模範を示すことが善政。綱吉はそう思って実行に移したのであろう。

さらに綱吉は、勃興しつつあった裕福な町人の分不相応な驕りを戒めるために「奢侈《しゃし》禁止令」を公布した。

この法令は、町人たちには評判が悪かったが、近在の農民たちには歓迎されたという。

「贅沢品や娯楽品を買うのは武家階級である。武家の金遣いが荒いから商人が裕福になる。そのために武家から農民たちは重税を取られることになる。だから江戸の商人の繁栄は、農民には迷惑千万」

これが、綱吉の「奢侈禁止令」の意味であったろう。綱吉なりの解釈による「善政」であり、これが『大学』の実践であった。

現代でも、都市と地方の格差が指摘されているが、まさに綱吉時代の江戸も、現代が抱える矛盾を抱えており、綱吉は何とかしてそれを解消したいと念じたのであった。

百石取りの武士は八十石で、千石取りの武士は八百石で生活するようにすれば、百姓も苦しまずにすむ。それがこの法令の狙いとするところであった。

大老の堀田正俊も、綱吉の積極的な政治への取り組みを評価したという。

この頃、吉保は四谷門外の生家から愛宕下の西久保巴町天徳寺前に移転している。

「四谷門外では登城にも下城にも遠く不便過ぎよう。丁度近くに空き屋敷がある」として、移転を許されたのであった。

吉保は、この移転をきっかけに数年来、心に掛けていた生母を屋敷に引き取る意向を綱吉に願い出た。

綱吉は、生母を引き取るのは当然のこととして認めたようである。孝心がなければ政務も行き届かぬし、民の心を分かるはずがない、と言わしたようでもある。


恐らくこれは吉保の、綱吉の忠孝心を引き出すという、下心があったのではないか。

吉保自らが、生母を引き取ると言い出したなら、隠居しているとはいえ父親の安忠にとっても恥部を抉り出されることになる。ならば、綱吉の命令という形で引き取れば安忠には恥にならずにすむ。むしろ吉保は、孝行息子になる。

なお、吉保は翌年にはこの西久保町の屋敷を返上して、今度は西の丸下の品川氏屋敷を拝領することになる。吉保は、徐々に江戸城に近い場所に屋敷をもらうのである。

天和元年（一六八一）十二月、吉保はとうとう念願の生母・佐瀬津那子を引き取ることになった。安忠ももちろん同意の上であった。

天和二年（一六八二）正月元日、城中で読書始めの行事が行われた。

二十五歳の吉保は綱吉から指名されて、『大学』を講じ、「小序より三綱領まで」を滞りなく読んだ。以後、これが江戸城の読書始めの例となる。そして、諸大名にも学問が奨励されるきっかけにもなったのである。

この読書始めがよほど嬉しかったのか、綱吉は数日後に吉保を呼ぶと、

「これを与える」と、一通の書を手渡されている。そこには、

「主忠信　内府綱吉」と記され、和歌があった。綱吉の和歌である。

「人はただ　まことの文字を　わすれねば　いく千代までも　さかゆなりけり」

吉保への綱吉の信頼はますます厚くなっていることが分かる。

天和三年（一六八三）正月、恒例になった読書始めの数日後、今度は二百石を加増された。これで知行は千石を突破し、千三十石になった。

だが、まだまだ堀田正俊や牧野成貞に比べたら、その出世などは「異例」でも何でもない。

嫡男、徳松の死

この年天和三年五月、綱吉にとって痛恨事が勃発する。六代将軍になるはずの嫡男・徳松が僅か五歳で夭逝してしまったのである。

徳松というのは、綱吉の幼時の名乗りである。そして、徳松を生んだのは、その姉で紀伊綱教への輿入れが決まっていた鶴姫の生母でもあったお伝の局である。

徳松の死は、善政の公布に命を懸けようとしていた綱吉の気持ちを著しく萎えさせる結果になった。自分の後の治世を子に託すという思いが、吹き飛んでしまったのだから。

しかし綱吉の政治への関心はまだまだ高い。綱吉は、多分自分を鼓舞させたであろう。七月には、徳川家康が定めた『武家諸法度』を改正するという大胆な挙に出た。それも、法度の冒頭にある「弓馬」の道を「忠孝」の道に改めたのであった。

この改正は綱吉の、徳川幕府創建から百年、新しい社会秩序は弓馬ではなく、忠孝、すなわち人としての生きる道、道徳であるという気持ちから定められたものであった。

老中、諸大名などに異論はあったが、綱吉は「新しい社会秩序は、刀槍の力ではない。人心である」と宣言したも同様である。

子どもの死によって、綱吉は「まだまだ自分は孝養が足りないのかも知れない。もっと尽くさねば」の思いを強くした可能性さえある。

この時代には、戦国のままの「かぶき者」がまだまだ横行していた。「傾《かぶ》き者」とも書く。ならず者になった旗本、御家人などを指す言葉である。町人階級のならず者は「町奴《まちやっこ》」という言葉で知られる。

特に目に余ったのが「かぶき者」であった。些細なことで他人に喧嘩を売る、犬を食って戦国の名残を誇示する、奇抜な服装で町を我が物顔に歩き、粋がる、乱暴を働く。こうした武士階級を押さえ込む必要もあった。

それが綱吉の「弓馬ではなく、忠孝」という新しい社会秩序の制定であった。この新しい社会秩序宣言が、二年後の『生類憐れみの令』という形で具体化されることになるのである。

大老堀田正俊刺殺の謎

明けて天和四年（一六八四）は、二月に改元されて貞享元年となる。

その八月二十八日、幕府を揺るがす大事件が起きた。若年寄・稲葉正休《まさやす》殿の刃傷である。

稲葉正休は一万二千石の若年寄。大老堀田正俊の父親の従兄に当たった。正休が一万二千石の大名になれたのも、正俊のお陰であった。その正休が何を血迷ったか、江戸城本丸の御用部屋付近で、いきなり大老堀田正俊を脇差しで刺すという事件が勃発した。

不覚を取った正俊は、深手を負った。それを知って、老中の大久保忠朝《ただとも》、戸田忠昌、阿部正武が走り寄ってきて、その場で正休を討ち果たした。

正俊は駕籠でそのまま屋敷に戻ったが、その日のうちに息を引き取ってしまった。

「稲葉石見守正休、発狂して、大老堀田筑前守正俊を刺したり」（『徳川実記』）

正俊は五十一歳、正休は四十五歳であった。が、真相は不明。当事者が二人ともに死んでしまったからである。

後に水戸光圀が「何故、正休を取り押さえて刃傷の理由を聞き質さなかったのか」と詰問したが、居合わせた老中はいずれも答えられなかったという。

この事件で、正俊が死亡したためにとばっちりを受けたかわいそうな被害者がいる。

新井白石である。

白石は、上総久留里《かずさくるり》藩士の倅として生まれた。吉保よりも一歳年長である。十九歳の時に、父親が久留里藩主土屋家の内紛に連座して浪人してしまった。

新井一家は、江戸浅草の報恩寺境内に草案を結んで細々と生活を送った。生活は厳しくなる一方であったが、白石にとって出来うることは学問しかなかった。

こうした生活から徐々に白石は狷介《けんかい》な性格を身に付けるに至ったらしい。

だが、学問は身を助ける。

白石は、この言葉を地でいった。綱吉が将軍に就任して幕閣にも学問の気風が漲った。天和二年（一六八二）、二十六歳の白石は大老堀田正俊に見出されて仕えることになった。学問が役に立つ時が来た。白石は、震えるほどの感激を覚えたことであったろう。

ちょうど、吉保が将軍の指名によって、正月の学問始めの講義をした年である。

ところが、白石の計算は狂った。

二年後の八月、頼みの綱の正俊が殿中で殺されてしまったのである。

しかもその後、正俊の嫡男・堀田正仲《まさなか》は十万石に減封のうえ、山形さらには奥州福島に国替えになった。家臣も減らされた。遂に白石も堀田家に仕えて七年目の元禄四年（一六九一）、致仕せざるを得なくなった。これではまるで稲葉家は、被害者ではなく加害者扱いではないか。世間の目にも奇異に映った処置であったろう。

そして白石の生活は、元の木阿弥に戻った。

巷《ちまた》では、正俊を殺すように示唆したのは将軍綱吉である、と言う者もあった。確かに正俊が死んだ後の堀田家に対する綱吉の扱いを見れば、それも頷けないことはない。

その真相は今もって不明のままだが、綱吉が何らかの形でこの事件に絡んでいたとの見方は当時からあった。いずれにしても、意見の相違か、あまりに謹厳実直すぎる正俊に綱吉が嫌気が差した、という見方もある。

歴史家の中には、この後頻発される「生類憐みの令」をめぐって、綱吉と正俊が対立し、その結果綱吉によって正俊が葬り去られた、とする論もある。

本当のところは分からない。また、そのようなことで将軍が大老を殺すだろうか、という疑問の方が強い。

だが綱吉が関係しているのでは、と疑って掛かった白石の心の中で、綱吉に対する怨嗟《えんさ》の思いが満ちた。狷介《けんかい》な性格はさらに深まったのではないか。

白石の歯車の狂いは、長い時間を掛けて吉保と綱吉の歴史的なマイナス評価という歯車の狂いにも通じてくるのだが。

それは、白石が持った綱吉への怨みと同時に、綱吉に「寵愛」されるように見える吉保への嫉妬が根底にあった。まさか将軍を罵る訳にも行くまい。ならば、寵臣の吉保を悪し様に言いたくなる、この状況下でのそんな白石の心理が手に取るように見える。

側用人時代の到来

時間軸を、貞享元年（一六八四）の刃傷のその場に戻す。側用人の牧野成貞は、刃傷が起こると慌てて将軍の御座所に駆け付けた。

正休が正俊を刺した、という事実を報告しなければならない。正直で小心な成貞は、ただそのことのみが念頭にあって、周章狼狽したらしい。

御座所で、その騒ぎを聞き付けて綱吉が、小納戸役の吉保に何事があったのかを尋ねた。吉保は、様子を見ようと廊下に出た。

そこにあたふたと駆け付けてきた成貞が、「刃傷じゃ」と言いながら、御座所に向かおうとした。吉保は、その成貞の前に手を広げて制止したという。

「そこをどけ、緊急の事態じゃ」と慌てる成貞に、吉保は無言のまま成貞の腰を指差した。

言葉にしたら、成貞が傷付く。何故ならば、刀を帯びたまま将軍の前に出ることは御法度であった。いかに緊急事態とはいえ、そのようなことをしたら成貞自身が罪に問われる。

はっとした成貞は、吉保を見て頷き、腰の脇差しを廊下に放り投げた。それから静かに御座所に入ったと伝えられている。

吉保は、成貞の脇差しをそっと拾い上げて、表に戻したともいう。

この様子を、御座所のうちからじっと綱吉は見ていた。

正康の刃傷を報告する成貞の言葉を綱吉は聞いた。その後、成貞はこのように語ったという。

「危うく儂自身が罪に問われるようなことをしでかすところであった。刀を帯びたまま上様の御前に出ようとしたとは。我が身を恥じるしかない。弥太郎（吉保）のお陰にて助かったぞ」

成貞は、小納戸役とはいえ、まだ二十七歳の吉保の冷静沈着ぶりに救われたと、礼を述べている。吉保は、それに対して静かに頭を下げたのみであったらしい。いかなる時にも、寡黙な吉保であったが、この話は成貞から綱吉にも伝えられたという。

もちろん、その一部始終を見ていた綱吉はすべてを知っていたはずだが、成貞の報告に対しても、「年齢に似合わぬ落ち着きぶりには、ただただ感心するばかりである」そう述べた、と伝わっている。

冷静で沈着、さらには上司（成貞）への思い遣り（黙って脇差に指を向けたこと）などは、その後の吉保の出世の糸口とされるが、吉保のそうした挙措《きょそ》はこの時に始まったことではなく、吉保が生来持っていた性格から来るものであろう。

そうした性格が、綱吉の信頼につながったのであろうと思われる。

この堀田大老刺殺事件は、綱吉にこれまでの大老政治から将軍親政、そしてそれに伴う側用人政治への転換を実現させることになった。

この刃傷は、江戸城の御用部屋付近で起きた。御用部屋とは、幕府の老中たちが集まって政務を執る場所である。御用部屋は表御殿の奥まった場所にあり、それから一間置いた先には、将軍の御座所があった。

つまり刃傷は、将軍御座所とは目と鼻の先といってもよい場所で起きている。

綱吉は、そうした場所で刃傷が起きたことを理由にして御用部屋を御座所から引き離すことを考えたのであった。

そうなると将軍と老中との間を連絡する人間が必要になる。係でいえば、連絡係であろうが、現代の会社などの役名でいえば「秘書課長」であろうか。つまり、綱吉は、そうした連絡係として「側用人」を用いた。つまり、単なる連絡係から「側用人政治」への転換である。

側用人は、将軍の小姓上がりの側衆から抜擢されていた。その側用人に最初に任命されたのが、館林家からの家老であった牧野備後守成貞である。そして、側用人政治もこの成貞によって開始されるが、実効が上がるのは吉保がその任に就いてからといっても過言ではないであろう。

吉保は、一年後の貞享二年（一六八五）十二月十日、従五位下、出羽守《でわのかみ》に叙任された。そして、小納戸上席へと昇任した。この小納戸上席とは、将来の「側用人」を示唆しているような人事であった。

『官位記』には次のように書かれている。

従五位下　源保明

宣任　　　出羽守

この日が、吉保の栄華物語の発端である。

第三章　生類憐みの令の真実

エスカレートする生類憐みの令

二十八歳で従五位下を叙任し、出羽守となった吉保の、この日の栄華から町子の筆（『松陰日記』）は書き進められている。

町子ばかりでなく、吉保にとっても父親の安忠や柳沢一族にとっても、この叙任がすべての始まりである、と捉えられていた証拠であろう。

町子の筆は早き川の流れのようである。

「いでや、その御さかへの事を」

弾むように書く。

そしてこの年、初めての「生類憐みの令」ともいえる法令が綱吉によって発布された。

貞享二年（一六八五）二月十二日のことである。こんな法令が出された。

「このごろ、みだりに鳥銃を放つ者があると聞くが、はなはだけしからぬことである。もし、それを隠しておく者があったならば、咎められるであろう。鳥銃を乱発する者を捕らえ、訴え出たならば銀子三百枚を、仲間の者から訴え出た場合は二百枚を、その者を見届けて、姓名、住所を訴え出たときは、百枚を、それぞれ褒美として下賜されるであろう。たとえその仲間に加わっていても、その犯人さえ訴人すればその罪は許される。以上の主旨を書いた高札を各所に立て、そのことを触れ回すから、公領・私領たるに拘わらず、近郷の者どもは、急いで集会し、放銃の者を逃がさないようにして、町奉行所に訴え出よ」

この法令からは、江戸市中にいる鳥を撃つためにやたらに銃を発砲する者がいたことが推測される。そして、このような不届き者を捕らえるようにという法令である。

続いて同じ年の七月十四日には、

「先にも発令したように、将軍がお成りの道に犬や猫が姿を見せても別に差し支えない。どこにお成りになっても、これから後は、犬猫をつないでおいてはならぬ」

これは『江戸町触集成《まちぶれ》』という記録に見える発令である。将軍の外出のために犬や猫の自由を拘束しなくてよい、というお達しであった。

さらに九月十九日に出された馬に関する禁令がある。

「馬の筋を伸ばすことは、不便《ふびん》であり、不仁であるから公用の馬には禁止してある。しかし、世間ではいまだに馬の筋を伸ばすようなことをしている、という。以後はこれをかたく禁ずる」

馬に対して仁愛の心を向けた禁令であって、何ら問題はない。「馬の筋を伸ばす」とは、老いた馬の脚を痛めて動けなくすることなどを指している。

ところが、十一月七日になって、初めて鳥類・魚介類について禁令が下される。

「鳥類、貝類、海老などは、今後厨房などで使ってはならない。ただし、将軍が公家に対して饗応する場合は例外とする」

あれれ、と思った大名、旗本は多かったに違いない。何となく、他人の食卓に幕府が口を挟むような違和感があるからだ。

まるで歴史上も「生類憐みの令」という法律があったように受け取られているが、以上のように「生類憐みの令」なる法律があった訳ではない。知られているだけで貞享二年から宝永六年（一七〇九）までの間に、百三十五回にわたって次々に発せられた人間を含む動物などへの愛護、保護に関する法令を、総称して「生類憐みの令」と呼んだのである。

それも鳥銃の発砲の禁止から始まって、馬についての禁令と形を変え、さらには食卓に広がったのである。食卓の禁令については何とも奇異な法令に思えるが、このあと徐々に法令の内容はおかしな形にエスカレートしていくのである。

しかも、それを執行する役人が形を変えていった例も多い。

だが、この法令については少なくとも発端については、当時小納戸役であった吉保には全く関与出来ないものであった。むしろ、大老堀田正俊が刺殺された後、綱吉の政治について関与したのは、側用人の牧野成貞であった。

ところで、この成貞、綱吉、吉保の三人が揃って戌年であったことが、後の人々の興味をくすぐった。

「だから、犬を大事にしたのだ」

というのである。さらには、この法令が出されるきっかけも犬であったという。

『三王外記《さんのうがいき》』という作者不明の、いわゆるヨタ本に、こんなことが書かれている。

「綱吉は、長男を亡くして以来、跡継ぎに恵まれなかった。そこで母の桂昌院から相談された知足院住職の隆光《りゅうこう》がこう進言した。『跡継ぎに恵まれないのは、前世に殺生を多く行った報いです。ですから跡継ぎを授かるためには、生き物を慈しんで殺さないこと。あらゆる殺生を禁止すべきです。それに将軍は戌年のお生まれですから、ことに犬を慈しむのが最善でございます』。綱吉は、この進言を容れて『生類憐れみの令』を政令とした」

まず、この『三王外記』という本そのものがでたらめと綱吉、吉保への悪意に満ちた内容であるが、それ以上に隆光に関する事実も違っている。

隆光が綱吉の知遇を得るのは、貞享三年（一六八六）に知足院の住職に任じられてからであって、すでにこの時には『憐みの令』は発布されている。それまで隆光は、奈良の牡丹で知られる長谷寺にいたのだから、このような進言を出来るはずもない。

この隆光も、その意味では「いわれなき罪」をずっと着せられた人物ということになる。

生類憐れみの令の目的

ところで、犬である。確かに、徐々にエスカレートしてきた法令は「犬」に関しても増加してくる。

「行方不明になった犬はきちんと探すべし」「野良犬にも餌を与えるように」「大八車で犬を轢《ひ》き殺すな」などなどである。

こうして法令だけを並べ立てると「犬（だけ）を大事に」と命じているように見える。しかし、その法令の言わんとすることは、全く違うのである。

これは、犬だけを大事にせよ、というのではない。行方不明になった犬が「野犬化したら人間様に悪影響を及ぼす」という前提があった。「野良犬にも餌を与えるように」とは、同じように餌に不自由した野犬が、人間を襲ったり捨て子を食べたりすることを防ぐ目的があった。

江戸は、この頃には百万人を超える人口を抱えている。これは当時、世界最大といってもよい大都市である。多くの人間が、江戸市中にはひしめき合っていた。

浅草寺《せんそうじ》に『浅草寺日記』がある。寺の日常などを記録したものだが、そこには捨て子の記録がたびたび現れる。

「観音堂脇の敷石の上に、男児捨てこれ有り」などと書いてある。百万人が集まって生活していても、庶民の暮らしは貧しい。そのために捨て子が多発していたのである。金をもらって子どもを養育する「業者」もあったが、業者の中には悪質な者がいて、金だけもらって子どもを捨ててしまうことも少なからずあった。

病気になった牛馬についても同じである。

飢饉が起きるたびに流行った疫病の原因の一つには、病死した牛馬が捨てられて野ざらしになり、それを野犬が食べて、病原菌をまき散らしたことが挙げられる。こうした問題に直面していた初期の綱吉政権は、幕閣も挙げて動物愛護、福祉衛生に取り組む必要を認めていた。

そうした方策が、こうした法令として具現化したのである。

この時期の吉保は、まだ小納戸役といういわば秘書課長（補佐）的な任務にあり、重要な幕閣の政治に参画してはいない。だが、綱吉がどうして法令を出そうとしたのかは、よく理解していたと思われる。

この頃の江戸の市民は、ところ構わずゴミを捨てていた。何でも水路に捨ててしまうから江戸城の堀まで埋まり、悪臭が立ち込め、病気の原因にもなった。そうした問題を解消しようというのが、この法令のもう一つの狙いでもあったのだ。

吉保は、綱吉から学問の何事かを問われて「学問は、人々のために生かしてこそ学問でございます」くらいのことは、言ったであろう。

綱吉も学問で学んだ「仁、義、忠、孝」などの概念を政治に持ち込み、人々の暮らしに役立つことには意欲を持っていたはずである。

だから、この法令の及ぶ範囲は江戸を中心にした天領（徳川幕府の領地）であった。東北や関西、中国、四国、九州など、江戸から遠隔の地には適用されることはなかった。いわば、江戸という大都会だからこその法令といってもよいものであった。

日本国中が「生類憐れみの令」に翻弄された訳では決してない。

そして、こうした法令の中心に置かれたのは「人間」であったことは言うまでもない。

一連の法令には「捨て子、捨て病人の禁止」もある。この時代、捨て子はとても多かったが、人々の大半はこうした捨て子に対して知らぬ振りを決め込んでいた。

江戸時代は「助け合い時代」などと訳知りの言い方をする者がいるが、実は「助け合い社会」どころか、他人のことなど構わない、知らない。これが普通であった。

旅に出て病気になった人を見ても捨て置く。これが「人情」であった。

泥酔して暴れたり、他人に迷惑を掛けたりした者も厳しく処罰する、という法令もあった。また、牢獄の設備の改善などという立派な法令も含まれている。

要するに、「生類憐みの令」は「人や動物を大事にしよう」

「命を大切にしよう」という発想から出ていた。だから、捨て馬禁止令があり、犬の保護があった。

中野に造られ、八万頭の犬を収容したという「巨大な犬小屋」についても同様である。

この犬小屋は、二十八万坪（約九十二ヘクタール）、現在のＪＲ中央線を挟んで東西二キロ、南北一キロにわたる広大な者であった。

犬の囲いは五つに分けられ、それぞれ数百棟の小屋があった。犬にかかる費用は年間十万両。現代にすれば約二百億円といったところか。

ずっと後になって（元禄十六年）の、吉保の覚え書きともいえる『楽只堂年録《らくしどうねんろく》』十二月六日条によると、

「犬を殺すなと法で定めたのに、まだまだ犬を殺す人間が多いので、民間で飼っている犬を中野に集めて集団で飼い、犬の飼い主から餌代を出させた」

とある。巨大犬小屋は、捨て犬などを保護する施設であった。

現代でも、かわいがって飼っていた犬や猫を手に余って山中などに捨ててしまう飼い主を多く見かける、それに対する「野犬化防止施設」が中野の犬小屋であり、現代ならば動物愛護法として国民から拍手喝采を受けるかも知れない法令であった。

五万人が処罰の真実

とはいえ、語り伝えられている処罰がある。この法令とその処罰ゆえに綱吉は「犬将軍」などという渾名《あだな》までつけられることになる。そして、本書の主人公である吉保は、「綱吉の寵臣」ゆえに、犬将軍の側杖を食わされることになる。

だが、果たして本当に「生類憐みの令」なる「悪法」によって、多くの庶民が苦しみ、怨嗟の声を上げたのか。

一説によれば、綱吉が没してこの法令が廃止された時に、五万人もの処罰者が牢から解放されたという。五万人という数字には驚かされる。本当だろうか。

そして、こんな話も伝わっている。

「犬を殺した武士は切腹」「病気の牛馬を労《いたわ》らない農民は流罪」「鳥を鉄砲で撃った猟師は死罪」などなど。

では、「伝えられてきた処罰」のかずかずを、具体的にいくつか見るとしよう。

貞享三年（一六八六）六月、綱吉の小姓の一人が頬に食い付いた蚊を思わず手で叩き殺した。その血が付いたのを知

らぬままでいたのを、同僚の注意で顔を洗い、手を清めた。だが、それが綱吉の耳に入り、二人の小姓はともに閉門となった。

また、ある大名の下屋敷に住む家臣に五歳の息子があった。病気で治療法を探していたところ、ある人から燕があれば治るだろうと言われ、吹き矢で燕を捕り殺した。そのために親子共々斬罪にされた。

次は、犬に関する処罰である。

犬目付という役人が、犬の虐待を摘発した。その結果、ある大名の家臣は、噛みついてきた犬を斬り殺して切腹。別の大名の家臣は、噛みついてきた犬を追い払おうと傷つけた罪で江戸から追放。また、ある大名の家臣は犬を叩いたのを知られて免職。

このために人々は特に犬を恐れて「お犬様」と貴人のように扱ったという。

つまり、命あるものを殺したらすべて罪になる、というのが現在まで知られる「生類憐れみの令」への、歴史的評価というか、歴史的事実、と受け取られている。

先ほど、「伝えられてきた処罰」と、念を押したのには、そういう意味がある。

だが、実は違った。以上に挙げた実例も事情は全く異なっている。燕の件などは、全くの嘘っぱちである。二人の親子は殺されていないし、そもそもそのような事件すらなかったのである。

二十四年間に出された百三十五回の法令だが、そのために処罰された事例は六十九件という研究結果がある。（山室恭子著『黄門さまと犬公方』）

これによると一年当たり三件弱。これは平均であって、実は法令が頻繁に発布された初期に半分以上が集中しているという。具体的には、貞享四年（一六八七）に十三件、元禄元年（一六八八）に八件、二年（一六八九）に九件の合わせて三十件にも上る。

さらに調べによると、処罰された罪人の顔触れであるが、四十六件が下級武士（小姓、仲間、足軽、辻番など）、町人は十五件、農民が六件で、民間は合わせて二十一件。その他にお寺さんが二件という結果であった。

しかもこの研究結果では、『御仕置裁許帳《おしおきさいきょちょう》』という江戸時代の裁判の判例集では、殺人、傷害、強盗、窃盗などの項目では罰せられる人間は町人がほとんどであるのに、「生類憐みの令」関係では、下級役人などがその大半を占めるという、逆の結果になっている。

ということは、庶民を苦しめた「生類憐みの令」という歴史上の評価は誤っていることにならないか。

　もう一つ、止めを刺すような研究成果を紹介しよう。

　その量刑だが、六十九件のうち死罪は十三件、流刑が十二件、あとは江戸追放とか、閉門、遠慮などである。

「ええっ」と声を出したくなるほど、軽い罰なのである。してみれば、法令廃止で五万人が牢屋から解放された、などは眉唾としか思えまい。

　そして、死罪になった町人の中には、子犬を絞め殺し、怨みを抱いている他人の名前を書いた紙に包んで捨てた町人がいたり、犬を殺して近所の店の前に捨て、さらに捕まった後で『酒などを飲んでのことではない。やるつもりでやった』と確信犯的な開き直りをした町人などもいたという。

恐るべし活字文化

　では「生類憐みの令」は、どうして庶民を苦しめた法律、将軍を犬公方などと言わせるようになった法律なのか。それは、綱吉の時代以後に書かれた書物のせいであった。

「恐るべき活字文化」しか言いようがない。

　その一つ、に先の「吹き矢事件」などを捏造《ねつぞう》して、しかもその部分のみをデフォルメ化して書いた『御当代記《ごとうだいき》』（戸田茂睡《もすい》）などがある。

「生類憐みの令」を、悪法だと規定すればするほど、悪法としての「実態のない例」が積み重ねられたのであろうか。

　もう一度、おさらいをしておきたい。「生類憐みの令」と呼ばれたこの法令を、要約して整理しておくと、次のような内容になるのである。


生き物を傷つけてはいけない。

犬をいじめてはいけない。

生きた鳥や魚を売り買いしてはいけない。

すでに飼っている金魚は池に放て。

死んだ家畜はそのままに放置せず埋めること。

病気になった人や牛馬を見捨てずに看病して上げること。

捨て子・捨て犬は禁止する。


　つまりは、法令が悪いというよりも、役人（綱吉の法令発布の意を汲まないで、専ら罪を見付けることばかりに気を遣った役人たち）の運用に問題があった部分もあり、あたかも悪法のように言われ続けているのが、この法令の真実である。

「生類憐みの令」は、崇高な理念（理念が純粋化しすぎて、後世から失政と断定されてしまうのであるが）に溢れている法律であることは間違いないようだ。

その崇高な理念というのが、人間への慈しみをもって江戸を中心に、人々が助け合って生きられる社会にしたい、というものであった。

現実の江戸の町は、こうした理念を法令で縛らなければならないほどに、道徳も低下し、慈しみもない、無法者が徘徊するような状態であったことを示してはいないか。

綱吉は、法令というルールを作ることによって、モラル、マナーが生まれると信じていた。それが、学者将軍らしいところでもある。『四書五経』など机上の学問を、現実の法令に生かそうとした。それはそれで評価できるのだが、法令の趣旨と運営の難しさ、という「理想と現実のギャップ」に気付かなかったところに、「生類憐みの令」に関連していくつもの問題が生じたのであったろう。

出所は不明ながら、こんなエピソードも伝えられている。「生類憐みの令」に反発した水戸黄門様が、犬を殺してその皮を剥ぎ、革でつくった羽織を綱吉に献上して悪法を戒めた、というものである。

その行為自体を、今の人間が見てもそれは残酷な行為である。罪もない犬を殺してその皮を剥いで着物をつくるなど言語道断というもの。それを、立派な行為だとして伝えようとしたところに、水戸黄門伝説の誤りが見えてくる。

何よりも、もしもそのようなことを水戸光圀がやったとしたら、その場で綱吉は、水戸家はお取り潰しくらいのことを言ったかも知れない。こうした場合に綱吉が異常なまでに偏執的になることを光圀が知らないはずはない。綱吉なら、御三家など「屁とも思っていない」行動に出るであろう。

その綱吉に、犬の革でつくった羽織など献上出来るほど光圀は強くもなければ、勇気もない。伝説が膨らむと、考えられもしないことが事実として語られるから恐ろしい。

吉保と生類憐れみの令

逆に吉保は、綱吉の性格を子どもの頃から傍で見てきたために、知り抜いていたといってもよい。

だから、「上様は、人間はかくあるべし、と思い込んでいる。言い換えれば、性善説を信じてきた御方なのだ。だから、ある意味ではすべての人々を型にはめてしまう傾向がある。そこが、上様の唯一の欠点ではなかろうか」と、そんな風に思っていた節はある。

そして吉保は、内心では「綱吉様は秩序の塊のような御方」と思っていたに違いない。

「生類憐みの令」の一つに、こんな法令がある。元禄四年（一六九一）四月に出されたものである。

「遠国で猪、鹿、狼などが荒れ狂った時には、空の鳥銃で追い払え。それでも鎮まらぬ場合には鳥銃で撃ってもよい。この法令は、人々が仁の心に到達すべしとの思し召しからであるから、その旨を心得よ」

その一年前には、こんな出来事があったことが『徳川実記』に記されている。

「下総佐倉に行った鉄砲方の井上正朝が、狼を多く撃ち取り、狼の子どもを三匹生け捕りにした。その子どもは、遠い山中に放してやった」

今ならば、動物園行きというような処置である。子どもゆえ可哀想だから、という発想は江戸時代も現代も変わらないところが面白い。

ずっと後のことであるが、綱吉が薨去してしばらく経ってから吉保はこんな報告書を残している。

「将軍綱吉は、人間だけでなく生きとし生けるものすべてを、殺傷せず、愛隣すべきことを命じ、その政令を徹底させることによって、人々の心の荒廃を融和させようと図った。ところが下々の者が、とかくこの政令に背くので、処罰せざるを得なかったこともある。しかも、憐みの令は、不仁の心を戒めるための制令だから、さほど厳格にすべきではなかったのに、不肖柳沢吉保や松平輝貞らが至らぬばかりに、実際には本旨から外れる結果も生まれた」

吉保は、「生類憐みの令」について、自らの運用が間違ったので、という報告をして綱吉を批判しようとはしなかった。これは、吉保が「主君のやったことは、家臣が責任を取るべきである」との覚悟を常に持っていたことの表れと見る向きもある。

残された報告書を読んだ八代将軍吉宗は、こう言ったという。

「憐みの令のことは、はじめから吉保や輝貞に綱吉が委任した訳ではないから、この二人に責任はない。この報告書には、憐みの令はただ将軍綱吉の深い心から出たものである、と書き換えて提出せよ」

いずれも『徳川実記』に記されている事実である。

これは、吉宗の時代には、将軍吉宗本人を含めて「憐れみの令が悪法であったとしても、その企画をして運営をした訳ではない吉保らには何ら罪のないこと」という考え方が、普通であった証拠ではないだろうか。

「生類憐みの令」が出された年と、吉保が小納戸上席となって従五位下「出羽守」となったことを寿《ことほ》ぐ場面から始まった『松陰日記』であるが、実際にこの叙位任官が、吉保出世の第一歩になった。

『松蔭日記』は、こう記す。

「さて君は、貞享二年十二月十日、かうぶり給り給ふ、出羽守ときこゑさす、この頃ぞ、いとゞおほやけ事、多くきこしめして、夜ひるおりたち、いとまなくすぐい給ふ」

（さて、吉保様は貞享二年十二月十日、二十八歳で従五位下をお授かりになった。そして出羽守に任じられた。この頃は、いよいよたくさんの公務を抱えられて、夜となく昼となく江戸城に上がっては仕事を行い、休む間もない状態で過ごされる）

吉保は、忙しい日常がさらに忙しくなった。しかし、黙々と自分の役割をこなすのみであった。

従六位下から従五位下への昇任は、諸事にかなりの差がつくことになる。僅か一位の違いが、実は天と地ほどの差になるのである。

たとえば正装。

江戸城に登城する際にも、それまでは布衣（無紋の着物）奴袴《ぬばかま》であったが、風折烏帽子布直垂《かざおりえぼしぬのひたたれ》（俗にいう白大紋）の袖、優雅に裾を長く引く袴になる。

そう、あの「刃傷松の廊下」で大名同士が行き交う、あの姿で吉保も登城できるようになった、ということである。

貞享三年（一六八六）の正月、新年の挨拶をした吉保は、千石の加増を申し渡されるのであった。この加増には胸は弾んだはずだが、静かにお礼を述べるにとどまった。

実は、もう一つ吉保には心弾むことが待っている。待望の子どもが、この二月には生まれることになっていたのである。

子どもの母は、定子ではなく側室の染子である。吉保は、日毎に膨らむ染子のお腹に期待を持った。出来れば男の子が欲しい。しかし、母子ともに健康な出産であって欲しいものだ。これが吉保の嘘偽りのない気持ちであったろう。

ところが…。

第四章　吉保を巡る謎

長男・吉里は綱吉の隠し子か？

「なが月になりぬ。其月三日、太郎君むまれたまふ。染子といふの御腹なり。そのほどのぎしき、何くれと。いみじかり。」（武蔵野）

（九月になった。同月三日、太郎君がお生まれになる。染子という方のお子さんである。お産の儀式は何やかやと盛大であった）「武蔵野の巻」

これは『松陰日記』に記された吉保の嫡男・安貞（後に吉里と改名）の誕生である。貞享四年（一六八七）九月三日のことであった。

前年（貞享三年）の二月に生まれる予定の子どもが一年半近く母親の腹にいて、生まれるのを伸ばした訳ではない。前年の二月九日に生まれた子は、男児であったが翌日になって死亡した。僅か一夜の命であった。

めでたいことと、悲しみは背中合わせにやってくるものなだろうか。

諦観の持ち主ではないが、将軍綱吉の理想主義を肯定しながらも、本人は徹底した現実主義者である吉保だけに、生まれた一夜にしての嫡男の死という悲しみを心に抱えたまま、その死という事実をのみ受け入れたであろう。

すると、年末になって再び染子の懐妊が判明した。

そして、生まれた子が吉里（本来は何度か名が変わるが、煩雑なので吉里で通したい）である。いわば、吉保にとって死産した男児に継いで二度目の子であった。

ところで、この吉里を「将軍綱吉の御落胤《ごらくいん》」のようにいう書物がある。書物どころか、「本当に綱吉の子であった」とする見方も当時からあったという。

それは、染子が綱吉から吉保に拝領された側室であり、すでにその時に染子の腹には綱吉の子がいた、というからだというまことしやかな説まであるようだ。

そして、この「吉里が綱吉の御落胤であった」という説が、柳沢吉保を悪者にする一つの根拠にもなった。

では、染子は本当に拝領妻であり、吉里の父親は綱吉なのか。

染子の姓は飯塚氏。上総国一袋村（市袋村）の郷士である飯塚杢太夫正次の三女である。一袋村という村名で分かる通り、飯塚正次は吉保の生母・佐瀬那津子が天和元年（一六八一）十二月に吉保に引き取られた際に、那津子の侍女として故郷からついてきた。

染子には三男四女の兄弟姉妹があったが、いずれも優れた文化的な資質の持ち主であったという。特に幼くして仏門に入った染子のすぐ下の妹は、はじめ谷中の浄土宗の寺に入ったが、非常な秀才であって、後に信濃善光寺の百十三世の上人にまでなっている。

尼上人として知られる法名は、光蓮社心誉知善上人明観大和尚という。

この尼御前は、何度か綱吉に拝謁し、尼僧には稀な博学な者として好まれ、しかも大奥にも参上して法話などを語っている。

このような秀才の血統に恵まれた染子が、学問好きな吉保に見染められるのは時間の問題であった。事実、染子は十四、五歳で吉保の側室に迎えられている。

ところが、こんな俗説もある。『醇堂漫抄』という書物で、書いたのは大谷木醇堂という奥向き役人を多く出している家の武士である。それによれば。

染子は、後に六代将軍になる綱豊のもとに延宝七年（一六七九）京都から輿入れしてきた近衛氏（天英院）の侍女として付いてきた。当時十三歳であったという。

その染子が綱吉の気に入れられて手が付いた。そして妊娠したのを、そのまま吉保に賜った。この時に染子は十四歳であり、吉保は別棟の屋敷をこしらえてそこに住まわせた。もちろん、側室としたが吉保自身は一度として身体に触れることはない。

この時の赤ん坊は流産したが、賜って七年後に再び綱吉の子を妊娠して、生まれたのが吉里である、というものだ。

こうした憶測には無理がある。第一、吉保は延宝七年には館林家の小姓組頭であって、禄も五百三十石。綱吉とて将軍にはなっていない。それどころか、将軍候補でさえなかったことは、すでに述べた通りである。

いかに綱吉とはいえ、たかが館林宰相という立場で兄である甲府宰相の嫡男に輿入れしてきた京都の公家の姫に従ってきた侍女を、見染めて自分のものにし、しかも妊娠させ、その女性をたかが小姓頭である家臣に下げ渡すなど、正気の沙汰ではない。

いかに大奥役人の家の人間が書いたものとはいえ、やはりあり得ない話である。

こうした俗説や出鱈目が、「吉保佞臣《ねいしん》説」を形成する拠り所になっていることを、あえてここでは強調しておきたい。

唐突なようだが、「吉保佞臣説」は、あたかも「水戸光圀名君説」に対応するようなつくりになっていることにも言及しておく。というのは、常に「水戸黄門」伝説では、悪役としての「吉保」を描いているからである。二人の間には、憎しみ合うことを含めて、ほとんど政治的な接点はないにもかかわらず、である。

不思議なことではある。

こうした両者が対極にあるような扱われ方をしてきたのも、大衆文化、いわば庶民文化の影響なのであろうか。

吉保は、綱吉から「愛《う》い奴じゃ」とか何とか言われて順調に出世を重ねる。禄も増えれば官位も上がる。一般庶民ばかりか、武士でありながら出世とは縁のない者たちもやっかむ、というように。

だが、そうした背景には、綱吉に誠実に仕える姿があり、しかもその期待に応えるだけの結果を残したからこそであった。幕府は、単に「愛い奴じゃ」だけで加禄させるような仕組みではない。

こうした事実は考えない。ただただ出世する吉保が憎い、ということになる。

人間というのは「下司の勘ぐり」が好きな動物である。しかも努力して出世しても悪口を言う。重箱の隅をつつき、ちょっとした瑕疵《かし》をほじり出して、そこを攻撃する。まるで三流週刊誌のような一面を持つ。

「人の不幸は密の味」で、「きっと吉保はうまいこと綱吉に取り入ったに違いない」と、当時というよりは後世の人々が「下司の勘ぐり」をやらかした。その具体例として、

「若い頃は二人は男関係係だった」「いや、自分の側室を綱吉に差し出したという」「続いて側室を下げ渡された」「阿諛追従を言う吉保を、男の疑いもなく使ったアホな将軍」「賄賂政治の権化・吉保」

というふうにエスカレートした。

さらに、演劇の世界でも、講談、書物でも歴史書ではなくいわゆる俗書といわれるヨタ本の世界でも、こうした俗説をもとにして「吉保佞臣説」を展開する。

歌舞伎では『柳影沢蛍火《やなぎかげさわほたるび》』、俗書では『三王外記』などが、そうしたたぐいであった。

「庶民文化恐るべし」。これが今は天上にいる吉保の感慨ではないか。

吉里が生まれると、病いで床に就いていた吉保の父親・安忠は重体にもかかわらず「嫡男誕生」を喜んだ。

安忠は、生まれた子に、曾祖父に当たる信俊の幼名である兵部という名前を付けたかった。吉保は、父親の気持ちは理

解しながらも、その名前は柳沢本家ともいえる安忠の兄の者が継ぐべきであって、分家である自分の子にその名前を付ける訳にはいかない、と固持した。

しかし、親戚の古老などは、「たとえ本家の名称であっても、現在誰が名乗っている訳でもなく、しかも一族の中で将来を託されているのは吉保なのだから、その希望通りにしたらどうか」と理解を示したようである。

そこで、吉保は本家の了解を得て生まれた子に「兵部」と名付けた。兵部は、後に安貞と名乗り、綱吉の一字をもらって吉里になる。

安忠の希望通りに「兵部」となった吉里のお七夜には親しい親戚を招待して祝った。安忠は、吉里の生母・染子を枕元に呼び、柳沢家重代の仁王の太刀に正広の脇差を見せて、「この両刀は、曾祖父の信俊が生前に愛用した家宝である。吉保誕生の時にも守り刀として与えてあった。今日、兵部の誕生を見て今は何の思い残すこともなし。かねてこの日のために用意しておいたこの金子を、何かの時には兵部のために役立てるように」と語ったとされている。事実その通りであったらしい。

安忠は、その当時にはすっかり珍しくなっていた慶長小判で百両を、染子に与えたのであった。

生まれた時期の問題を含め、ここまでして喜ばれた吉里が、本当に綱吉の子であったかどうか。考えれば容易に分かる話であろう。

このお七夜の後、十日足らずの間に安忠は身罷ったのである。

能力がなくても出世できたのか?

さて、吉里が生まれたのは貞享四年（一六八七）九月のことであったが、時間軸をもう一度一年前に戻したい。

吉保は、貞享三年（一六八六）十月には綱吉から命じられて、中奥休息の間の新造奉行を命じられている。綱吉が、吉保の実力（小納戸役という小姓の兄貴分のような仕事ばかりでなく、実務が出来る男かどうか）を見定めようと命じたものであった。

中奥とは、将軍が昼間に出御して老中以下の幕府諸役人と政務を司るところである。

そして、将軍は大奥の他に中奥御座の間にある御休息所でも起居していた。

吉保は、この仕事を大工や左官など職人を労りながら、しかも迅速、丁寧に仕上げさせたという。一カ月で工事は完成し、綱吉は自分が考えていた以上に立派な休息所が、しかも自分が考えていた以上に早く完成したことを喜んだとされる。

これは同時に、綱吉に「頼みになる吉保」という印象を倍加させる結果にもなったようである。

「いたずらに、加禄させている訳ではない。実力のある者を抜擢することこそ、今の徳川幕府にとっての急務である」

これが、綱吉の基本的な政治姿勢であった。いわば「能力主義」という名の「改革」である。その旗手に、吉保が選ばれようとしていた。

それまでの徳川幕府の基本的な統治形態は、身分制とか家格制とか呼ばれる封建制度の上に成り立っていた。つまり、家格の高い者ほど多くの給料(この場合は石高)をもらい、しかもより高い地位に就く。言い方を変えれば、生まれながらの地位がそのままその人物の社会的地位を決定し、何事もない限りそのままの立場を子孫代々まで継承出来る制度である。

例を挙げれば、老中になれる家柄は譜代大名の中で十万石に近い者、若年寄になれるのは譜代大名のうち五万石までの者、大目付になれるのは三千石以上の旗本から、というふうであった。

しかし、世の中が転換期を迎えると、こうした身分制度の下では時代が乗り切れなくなる。そのために、身分以外の条件、即ち「能力制度」を導入せざるを得なくなるのであった。

徳川幕府のこうした身分制度を基本にした政治体制は、三代将軍家光の時代に確立され、四代将軍家綱の時代にも有効に働いた。そうした中から、酒井忠清のような大老が出現してきたのであった。

だが、五代将軍になった綱吉の時代には、江戸の社会全体が経済化していく、後に「元禄文化」と呼ばれるような市民イメージが漂う時代に突入してる。

それまで自給自足が原則であった経済社会が、交換経済・貨幣経済が一気に広がり、そうした中で武家ではなく商人が力を付けるようになってきていた。

そうなると、幕府の閣僚たちも家格制度や身分制度といった安穏とした制度の上にあぐらをかいていられなくなる。少なくとも、幕閣にある者には経済知識が要求された。その経済知識の有無が、能力の有無につながるようになってきていた。

家格の高い家に生まれ、苦労も何も関係なく楽な生活をしてきたような人間には、経済知識などが備わっていない。

「だからこそ、身分などにとらわれない人材を見つけ出し、抜擢することが、儂に課せられた任務であろう」

これが綱吉の偽らざる心根であった。

綱吉とて馬鹿ではない。そうした人材を見つけ出す方法を心得ていた。小姓、側衆、さらには小納戸役などを務めさせて、そこで人物を見たり、人柄を見たり、仕事に対する能力を見たりしてチェックし、その上で、登用を図るのである。

その意味からも「側用人政治」という制度は重要なものになったのである。

ちなみに、側用人は五代将軍綱吉の治世から始まって、十四代将軍家茂までの間に、三十人を数えた。初代はすでに述べたように、牧野備後守成貞であり、最後が水野忠寛《ただひろ》であった。それらの中で、将軍から厚い信頼を受けて政治的実権を握り、「側用人政治」ともいえる時代をつくったのは、ほんの一握りである。

五代将軍綱吉時代の柳沢吉保、六代家宣・七代家継時代の間部詮房、八代吉宗時代の加納久通、有馬氏倫《うじのり》、九代家重・十代家治時代の田沼意次ら五人くらいであろう。

最も多くの側用人を輩出した時代は、五代将軍綱吉の十三人であった。

ほとんど知られていないが、綱吉の側用人は牧野成貞に始まって、柳沢吉保までの間にまだ四人がいた。喜多見重政、松平忠易《ただやす》、太田資直《すけなお》、牧野忠広である。

そして、成貞は綱吉が将軍になった延宝八年（一六八〇）から元禄八年（一六九五）まで十五年間を側用人の役職にあった。

つまり、側用人というのは一人ではなく、同時に何人かが選ばれていたのである。

「側用人」イコール「君側の奸《かん》」というイメージがいかに間違いであるかは、こうした事実を照らし合わせればよく分かるのではないか。

元禄バブル崩壊で求められる人材

しばらく江戸時代のバブル崩壊について話題を転じてみよう。

「江戸時代にバブル崩壊だって？　なんじゃ、そりゃ」という読者もおられようが、実はあった。

バブル崩壊という経済事件は、現代ばかりではない。この綱吉時代にも起きていた。

豊臣政権から徳川幕府が始まった頃にかけての年貢は、

「七公三民」ほどで、ほとんど領主が搾取した。作り手の農民には全体の収穫の中から三割しか与えないのである。

ところが、家綱、綱吉の時代になると年貢率は下がっていた。新井白石が『折りたく柴の記』に書いているように「三公七民」は言い過ぎだとしても、少なくともそれに近い数字になっていた。

農民たちの取り分が増えると、経済は急速に消費経済になる。交換経済、貨幣経済の充実という形を取らざるを得ない。庶民生活は、どんどん変わる。

着るものも、粗末な麻から綿、あるいは絹まで着る者が現れる。

さらに生活時間にも変化が現れたのが、綱吉の時代であった。それは、綿織物の普及と同時に綿実油の増加である。「風が吹けば桶屋がもうかる」ではないが、「綿織物が増えれば、飯を食う人が増える」ということである。

もう少し分かり易く言うと、木綿糸をつくるためには、綿花の中心にある種（綿実）を取り出さなければならない。この種を集めて絞ると「綿実油」が出来る。しかも、この油を効率よく取り出す搾油機が考案されて、油の量が増加した。

これに加えて、菜種油が取れるようになった。これらはすべて上方（近畿一円）での出来事である。油商人を中心に上方の商人が力を持つようになるのも、こうした背景があったからだ。

さて、油が多く売られるようになると、その油を使って行灯に灯りを灯した生活になる。それまでは、夜は早めに寝るもの、朝は早く起きるもの、とされてきた生活の原則が崩れた。

夜でも起きていいられるようになったからである。すべて油のおかげであった。

すると、今までは一日二食だった食事に、夕食が加わることになる。夜は食わなくてもよかったものが、生活時間の夜間延長によって一日三食に変わったのである。

年貢率の低下は、農村の余剰生産物を商品に変えた。モノを買うためには借金をする人も出てくる。それは一般庶民よりも武士階級に広がった。金を商人から借りる武家たちが、そのうちに返済出来なくなる。

これが「元禄バブル」の引き金になった。

こんなこともある。

綱吉が将軍になる直前くらいから、米の値段が上がり続ける現象が起きた。そこに投機的商人が現れて、米の相場を展開する。つまり「空売り」である。実際に米を取引するのでなく、買ったという形だけの手付けを打って、現物を引き取るまでの時間（十日とか二十日）の値上がり分を、利ざやとして得るのである。

まるで現代の「株の空売り」と一緒である。

どんな時代にも、同じような発想をする人間はいるということを、この事例は如実に示しているではないか。

このような「空売り」は米だけではなく、他の商品にも広がっていく。こうした投機熱は、商人たちに広がり、商人の中には値上がりを期待して大量の在庫を抱える者も出る。ところが、大量在庫に耐えきれない商人が倒産する。

これで「元禄バブル」が拡大し、やがて商人の倒産は連鎖し、バブル崩壊につながった、という訳である。

ここから武士階級は「経済立て直し」に入る。各藩の藩財政も傾いた。多額の借金は残った。そうなると、立て直ししかない。

綱吉の治世は、前半をバブル時代、後半をバブル崩壊、という激変の時代を経験することになったのである。

抜本的な経済改革。これが綱吉に求められた焦眉《しょうび》の急であった。

「もはや、家格だの身分だのは関係ない。今は、実力、能力のあるテクノクラート（技術官僚とでも呼ぼうか）こそが必要である」

そこに満を持して登場したのが、側用人・柳沢吉保であった。

綱吉は無能な将軍か？

日本史の上で綱吉は、「生類憐れみの令」に対する過剰ともいえる悪評のために「無能な将軍」というイメージが強い。そして、その無能な将軍に寵愛された君側の奸、あるいは阿諛追従の輩、というイメージで吉保は捉えられてしまった。

しかし、本当に綱吉は無能な将軍であったのか。

名君とはいえないまでも、無能ではなく政治改革の意欲に燃えたむしろ有能な将軍であったという指摘もある。

それが人材登用に見られる。

綱吉は将軍になると、「勝手掛老中」なる役職をつくった。それまでの老中合議制から、民政と財政を担当するポストである。こうして特命ポストを設け、幕府の逼迫《ひっぱく》した財政問題と天領（四百五十万石ともいわれる）の民政問題とを任せたのである。

次に、行政組織の機構を改革した。

大蔵省に当たる「勘定所」の人事にも徹底した能力主義を持ち込んだ。それまでは勘定奉行といえば三千石相当の旗本が担当してきたが、綱吉はここにも下級の武士からの抜擢を認めた。

さらに、「勘定吟味役」なる部署を設けて出納の監査をさせた。ここで、現代の会計監査院という役所に似たような仕事をさせたのであった。

「お許し下さいませ、御代官様」という台詞はよく聞かれる。さほどに悪代官が多かったのか、と思われそうな台詞である。

確かに天領の代官には悪人もいた。天領の代官は武士というよりも土地の有力者が任されている場合が多かった。年貢請負人のような性格を持っていたから、農民などとのトラブルも多かった。それが、「悪代官」のように言われるに至った。

「悪代官退治は黄門様」というのが講談やドラマのあらすじであるが、実は綱吉がこうした悪代官というトラブルの元を解消したのであった。

つまり、年貢請負人のような代官は辞めさせて、公務員の代官を作って勘定所の下に置いた。ここで初めて役人としての代官（勘定方）が登場することになる。役人としての代官は、勘定所から任命されて現地に赴き、領地の民政と年貢管理に当たることになった。

こうした経済、民政など政治改革に賭けた綱吉の情熱を、〝犬将軍〟などとは笑えないではなかろうか。

自分自身が政治を真剣にやる。ここに綱吉の将軍としての真骨頂があった。

寵愛を受けたの吉保だけ？

そこで、初代の側用人である牧野成貞である。

成貞の祖父は牧野民武丞成定といって、今川氏の家臣であったが後に家康に服し、旗本に取り立てられた。父の越中守儀成《のりなり》は、三代将軍家光に仕えたが、吉保の父同様にその四男・綱吉の傅役として仕えた。知行五千石というから、吉保の父とは雲泥の差であった。綱吉が館林公になると儀成は家老職を務めた。

その次男に生まれた成貞は綱吉よりも一回り（十二歳）年長。つまり、吉保とは二十四歳の開きがあることになる。三人ともに戌年の生まれであった。

二十歳の時に八歳の綱吉に仕えて、御側衆に列している。

父親の死後、遺領五千石のうち二千石をもらって、館林家の家老になった。その性質は温順で忠誠心に富んでいた。綱吉の性格を飲み込んでいて、その意のままに動いた。そのためもあって綱吉からは好かれていた。

綱吉が五代将軍になると、一万三千石の大名に取り立てられ、堀田正俊が大老になった時に、江戸幕府初の側用人となった。成貞は四十八歳。

この側用人は、老中に準じており若年寄の上に位置した。だから、側用人が登城した際には城門警護の者は老中に対するのと同様に下座しなければならない、というお触れが出されたほどであった。

成貞は綱吉政権下で順調に出世して、天和二年（一六八二）には二万石を加増されて老中格となり、翌年には一万石が加わって合計五万三千石（というと、赤穂藩浅野家とほぼ同じ格式なる）となって、下総関宿《しもうさせきやど》の城主となった。

元禄元年（一六八八）には、またまた二万石加増されて七万三千石となった。

この成貞に対しても俗書は「その妻、その娘を、綱吉に差し出して出世した」というように書いている。いつの間にか、そうした俗説があたかも事実であったかのように伝えられてしまった。

綱吉への凄まじいばかりの批判は、ことごとく家臣のところに跳ね返る仕組みのヨタ話になっているところに、俗書の悪質さがある。

成貞は、側用人として貞享元年（一六八四）八月から元禄八年（一六九五）十一月までの約十一年間を綱吉に仕えた。むしろ、寵愛という言葉は成貞に対して使っていいような言葉ではないだろうか。

それは、寵臣だとされてしまっている吉保の側用人政治に比べて、成貞がそれ以上に実効を上げていないことなどが指摘されよう。

だからこそ、成貞は側用人時代から「綱吉に正室と娘とを差し出した男」という、謂われのない噂話を撒《ま》かれてもいる。

なお、この謂われのない噂話がすべて「吉保のこと」として転化されてもいる。

綱吉が初めて牧野邸に臨んだ「お成り」は、元禄元年（一六八八）を初回として三十二回におよんでいる。その際に何か秘密めいた事柄が行われたように邪推され、その内容がすり替えられて柳沢家との問題であったかのように転化された話になってしまったことも、「柳沢佞臣説」の原因にもなっている。

吉保は単なるごますり？

吉保が、異常なまでの大出世を果たした理由として、吉保のこれまた異常なまでの綱吉に対する忠勤ぶりが上げられるという。しかし、本当に吉保は単なる「ゴマすり」で、このように忠勤に励んだのであろうか。

吉保の忠勤ぶりを示す例は枚挙にいとまがない。たとえば、こんなこともある。

貞享四年（一六八七）を迎え、吉保は正月二日の早朝から江戸城に出仕した。そして休息之間の新年掃き初めの役を務めた。これが吉保の新年の恒例になり、以後毎年同じように出仕して誰にも手を出させずに掃き初めを行った。

この年から宝永六年（一七〇九）、綱吉が薨去するまでの二十三年間を毎年続けたのである。もちろん、自らの手による掃き初めは、その後大名になり、大老格になってからも一日として欠かすことはなかった。

大老格がやる仕事ではないと、他人から言われても吉保はこの役をやり通した。

人が見ていようといまいと、手を抜かない。自分の手でやり通す。これが吉保流の綱吉に対する誠心誠意であったのではないか。これを「ごますり」と誰が言えようか。そのような陰口を叩く者があったなら、あなたがやってご覧なさい、と言いたくなるようなエピソードではないか。

こうした事実は事実として、吉保が綱吉から信任される速度は急速に増していく。この年の三月には、僅か三十歳という年齢の吉保に対して「乗輿《じょうよ》」が許される。

乗輿は、徳川一門を始め譜代の諸大名、または侍従以上の官位を持つ者、その嫡子や公家、あるいは五十歳以上の年齢で特に許された医師、旗本、僧侶などに限られていた。

吉保への許可は、異例のものともいえた。

この年の初め頃から体調を崩していた父親の安忠が、寝たきりになった。

綱吉は安忠の病いが篤いと聞いて、見舞いを兼ねて牧野成貞を使いとして差し向けた。成貞を差し向けた所用とは、「遺言があれば何なりと言うように」というものであった。

安忠は、三カ条の願いを成貞に依頼した。

「第一は、将軍自らが裁いた越後高田松平藩のお家騒動でお預けになっている藩主光長殿は、ご一門の中でも指折りの名家（光長の生母は二代将軍秀忠の娘）なので、小禄でもいいから名跡を立てて頂きたい」

次は、天和二年（一六八二）に変更になった武家の給与制度を元に戻して頂きたい。役職料を本給に加増して以後は、役職料を無くしたために後々役職に就く者の意欲がなくなり、経済的にも旗本衆は困惑している。だから、旧制度に戻すか、もしくは経済的な救済を考えてやって欲しい、というものであった。そして最後に、

「私ごとで恐縮だが、外孫の山高八左衛門信賢《のぶたか》のこと。彼は一度はお側近くに仕えながらも今は遠く離れており、叔父である吉保とも自由に会えない状態なので、少しでも哀れに思われるならば、せめてそれだけでも出来るように計らって欲しい」

というものであった。

綱吉は、戻った成貞からこの願いを聞かされて「露休（安忠が隠居後に剃髪してこう名乗っていた）の末期の願いであるから、すべて適当に処置してやろう」と言った。

死に臨んでの願いのうち二つまでが、誠実で心の温かい人間だけが持ち得る思いから出たものであったから、綱吉は感激したのであろうといわれる。

安忠は、吉里が誕生したのを見届けるかのように、十四日後の九月十七日に死去した。

臨終に当たって安忠は、吉保を枕元に呼んでこう言ったという。

「弥太郎、よいな。小善というとも為さずということなかれ、小悪というとも犯すことなかれ。この教えを未来永劫、守ることじゃ。上様への忠勤を励むのじゃ。よいな。人の善悪は生きているうちにあれこれと断定すべきではない。死後に置いてはじめて人の値打ちは定まる。肝に銘じよ」

吉保には、これまで幾たびも聞かされてきた言葉であったろうが、遺言は重い。吉保はその後もその遺言を大事に生きたという。

安忠の死に臨んで、館林家以来の古老が呟いたという言葉がある。

それは「積善の家に余慶あり」というもので、善を積む家には喜び事が集まってくる、ほどの意味がある。事実、この後の吉保の出世を見て、誰もがそう思ったはずである。「これは、安忠殿の余慶なのじゃ」と言われたのではなかったか。

綱吉は安忠の死に際して上使を送り、香典として金子三百両を贈っている。

孝行者の吉保は、父親の死に直面して「泣涕潸然、面を覆う」と、その時の様子が伝えられているほどに深い悲しみに覆われた。

綱吉が、吉保父子に対して誠意を持っていたことは、その

死後一か月半後になって、安忠の三カ条の願いをすべて実行に移したことである。

まず、松平光長は伊予松山での禁固を解かれて江戸に召し返され、三万俵を与えた。光長の養子・綱国も備後福山での禁固を解かれている。

さらに、武士の救済については恩典を施行した。禄百石につき金二十両を下賜したのであった。そして、安忠の外孫であった山高信賢も特旨をもって吉保との対面が許され、しかも奥勤めも許された。

吉保の胸には、「父上の願いのすべてを上様は叶えてくださった。ますます、上様への滅私奉公に励まねば相済まない」と改めて綱吉への感謝と恩義とが刻まれたことであったろう。

六月になると吉保は、西の丸下の邸を返上して、一橋門内に新しく邸を与えられた。

そして十一月十二日のことであった。

綱吉は、吉保に一万石を加増した。合計一万二千三十石である。

八年前には、僅か五百三十石に過ぎなかった吉保の禄は、二十二倍強という増え方である。しかもこの加増によって、吉保は大名の列に入ったことになる。


それにしても吉保の出世は、傍目《はため》には異例であったように見える。もし現代でもこんな形で出世すれば、人々は必ず陰口を叩くに違いない、と思われるような出世ぶりである。やっかみがあっても当たり前ではないか、と誰もが思うような出世である。

さらにいえば、吉保は大名に列席することになったばかりでなく、側用人に昇格させられた。幕閣における吉保の席次は、若年寄および御側衆南部直政の上座と決められた。

「上席とはいえ、小納戸役から一挙に若年寄の上になるとは…」

まだまだ門閥や家格を重んずる幕閣に、嘆息が流れたことであろうは推測出来る。

というのも、南部直政の上席どころか、同じく先輩の側用人であった松平忠徳《ただのり》(忠易ともいう。武蔵岩槻四万八千石)、喜多見重政(武蔵喜多見二万石)らと同列とされたからである。なお、南部直政も吉保と同時に、側用人に取り立てられている。

そして翌年の元禄二年(一六八九)の正月、吉保は使者を知足院に遣って白銀二十枚を奉納し「綱吉の無事息災」を祈願した。さらにこの奉納は、元禄二年から綱吉が生きている間中の正月、五月、九月に必ず行う年中行事になった。

綱吉が生きていなければ、自分自身の出世がなくなるからだ、と見る向きもあろうが、しかし考えて欲しい。このように影日向無く、綱吉一筋に生きて、その無事を祈り、今の掃き初めを必ず行う、などということが普通の人間に出来ようか。それが「ごますり」であったとしても、やり通せるであろうか。

それが吉保の綱吉への仕え方であったと解釈するほうが、素直ではなかろうか。

綱吉の側からみれば、こうした忠誠心に富んだ吉保に対して抜擢人事で応えることが、信賞必罰の「信賞」部分ではなかったか。こうして、吉保はさらに忠誠心を増幅させていく。このような心の仕組みが、二人の間には出来上がっていたように思えるのだが。

大抜擢されたのは吉保だけ？

「信賞必罰」といえば、元禄二年（一六八九）にはこんな事実がある。

それは、綱吉による人材抜擢の一例を示し、さらには綱吉の執念深さともいえる極端な処罰例を示す事実である。それはそのまま、他人への好悪感につながるものであった。

綱吉が従来の幕府の例にとらわれずに、能力主義を貫こうとしたことはすでに書いた。

その一人に、土佐中村藩主の山内豊明《とよあきら》がいた。豊明は三万石を領していたが、この年の四月に綱吉に見出されて「奥詰《おくづめ》」という役職に就いた。そして、その翌月には早くも若年寄となった。これまた抜擢登用であった。

五月になって綱吉が上野寛永寺に参詣した際に、牛込門の警備に付いていた酒井忠高が綱吉に拝謁した。綱吉は忠高を知らなかった高家の畠山義寧《よしやす》に、その名前を尋ねたが、儀寧は即答出来なかった。

綱吉は、すぐ近くにいた豊明に尋ねた。豊明は、綱吉の問いに応えて詳しく忠高について詳しく説明した。綱吉は、こうした臨機応変の利口者を好んだ。吉保を好んだ理由の一つも、それであった。

綱吉は翌日、忠高を賞賛して「老中に抜擢するから、ますます忠勤を励むように」と声を掛けた。「翌日には将軍の面前に出て謝意を述べるように」とのお達しも付け加えられた。

ところが、何があったのか豊明は翌日になって、その抜擢人事を辞退してきた。

「病弱のために、老中などという重任には耐え難い」というのが理由であった。

幕閣の誰かが、綱吉の乱暴な抜擢人事を苦々しく思っていたとしよう。たかだか三万石の田舎大名が、譜代でもないのに奥詰になって一か月で若年寄に、さらには老中にと、三段跳びの抜擢人事を受けるのはおかしなことだ、として本人を呼んで「辞退してはどうか」と、説得した可能性はある。

「辞退すれば、将軍家はなおのことそなたを奥ゆかしいと思って、重用するであろう」のような言葉を掛けられれば、誰でもそうかと思うであろう。

あまりの光栄に目の眩む思いでいた豊明は、その説得に従ってみることにしたかも知れない。一度は辞退しても、必ずや綱吉からは二度目の声が掛かる。そう信じていた可能性は限りなくあろう。

ところが。

綱吉の逆鱗に触れたのである。「せっかくの抜擢を辞退するとは何事か」と綱吉は立腹した。自分のいうことを聞く筈だと思っていたら、案に相違した。そうなると「可愛さ余って憎さ百倍」という性格の綱吉である。

豊明は、五月十一日付（つまり寛永寺参詣から三日後）で、若年寄の職を免じ、逼塞《ひっそく》を命じられた。逼塞とは、閉門として外との出入り禁止をいう。

六月に、豊明の嫡男山内豊次が病死した。豊明は八月になると逼塞は免除されたが、嫡男死亡を理由に豊明は兄の遺領を継いだ分の二万七千石を没収された。

もとの三千石だけを安堵された豊明だったが、それに対して「感謝の意」を表しなかったことが、さらに綱吉の逆鱗に触れた。

一度失った信頼は、綱吉の場合戻らないのである。

豊明は、しまった、と思っただろうが遅きに失した。あの御方の説得に耳を傾けたのが間違いの元であった。そう思っても、あとの祭りである。

豊明は、とうとう虎の子の三千石までも失ってしまう羽目に陥った。そして、青山忠重にお預けとされた。

このお預けは三年後に許されたが、豊明のその後である。

衣食にも不自由して、とうとう土佐の山内本家を頼って移住し（それも幕府の許可を得てのことだが）、そこで一生を終えたという。

もう一人、同じような経験をして狂い死にをした大名がいる。

喜多見重政である。

重政は千二百石の旗本であったが、延宝八年（一六八〇）

九月綱吉が将軍宣下された翌月には御側衆となり、翌年に従五位下若狭守となって二千石加増、さらにその翌年には六千八百石加増されて一万石の大名に昇進した。

貞享二年（一六八五）に側用人となり、一万石加増。合計二万石を領した。

ところが元禄二年（一六八九）二月に「将軍の意向にしばしば背き、勤務も疎かである」という理由で突然改易となった。この前後に従兄弟が刃傷事件を起こして死罪となっている。改易は、その影響を指摘するものもあったが、いずれにしても寵愛の深かった重政が改易されて桑名にお預けとなり、挙げ句の果てに四年後には狂死してしまうのである。

凄まじいばかりの綱吉のやり方だが、吉保には「他山の石」であった。いや「反面教師」であったろう。

場合によっては、山内豊明や喜多見重政は「柳沢吉保」になっていたかも知れないのである。つまり、「綱吉の寵臣」といわれる人物は、吉保ではなく豊明か重政であったかも知れない、ということだ。

こうしてみると、吉保が綱吉から抜擢人事を命じられても、それを「私にはとても、とても」などと言って拒めないのである。それよりは、抜擢を喜んでお受けして、その期待に応えるしかない。これが吉保の立場であったに違いない。

山内豊明と喜多見重政の「栄光と没落」は、御三家をはじめ、諸大名を改めて震撼させた出来事であった。

賄賂の権化の素顔は？

「秋になりて、十五夜には、れいの事にて、御所の御あそびあり。こなたにものぼりたまふ。れいのとしよりも、めずらかに、おもだゞしき事おほく物させ給ふ。御物まいるおまえにて、わざと仰せごとにて、まいれり。かゝる事は、いとたぐひなしと、人もおもひければ、ことごとしういひつたへたんめり。わが御かた、さか月のひかりもめぐれもちながらあかぬこよひの月のまどゐにおほみきなど、あまたゝび、ながれて、いみじう興ぜさせ給ふて、まかんでたまふ。」（むさし野）

（秋になって、中秋の名月には、例年通り、江戸城で月見の宴があった。吉保の君も招かれて伺われた。君にはいつもの年よりも珍しく、晴れがましいことがたくさんおありになった。お食事を召し上がったが、将軍様の特別のご指名でご相伴を務められた。こういうことは滅多にないことだと思われたために、大きな話題として人々にも伝えられたらしい。その時に、吉保の君がお詠みになった和歌は、「思いがけない今宵十五夜の宴に、巡る盃を手に持ちながら、そこに映る月の光も一座する人々にまんべんなく回って欲しいと思われることです。それは、将軍家の光かがやくお恵みが一座する人々にあまねく及びますように、との願いと一緒です」というものであった。御酒盃が何度も流れ、十分に楽しまれて将軍様は御退出になられた）「武蔵野の巻」

これは元禄二年（一六八九）の十五夜の宴を描いた、正親町町子の『松蔭日記』の一節である。

この年の吉保は、大名になった初めての年とあって様々に多忙な年であった。また、一橋内から神田橋内に邸の移転があり、さらに地続きを加えられて、邸の面積は約七千坪にもなった。霊岸島には中屋敷も拝領している。

吉保が詠んだ和歌にも、そうした高揚感と綱吉に対する感謝の気持ちが表れている。

ところで、この宴の記事には酒の話題が出てくるが、実をいうと綱吉は元来が下戸。つまり酒は飲めない体質であった。

だからその綱吉に合わせた訳でもなかろうが（いやいや、吉保ならば綱吉に合わせて、飲める酒もなめないことにするくらいは朝飯前か）、吉保も酒を好きではない、として飲酒を謹んでいたという。

そして、吉保は寡黙であった。吉保の真の姿を記した書物には、必ずそのように吉保像は描かれている。

翌年、元禄三年（一六九〇）三月になった。吉保は、またまた二万石を加増され、累計三万二千三十石とアップしたのである。

大名に列してさらに加増されたいっても、国持ち大名という訳ではない。このたびの加増は、和泉国大鳥・泉の二郡、上総《かずさ》国山辺・市原・望陀《もうだ》・天羽《あまは》四郡の合わせて六郡での二万石であった。

面白いことに、加増された二日後に吉保は幕府に対して「三千両を貸して欲しい」と申し出て許されている。借金の理由は、天和元年（一六八一）から前年までの九年間にかかった引っ越しの費用が、柳沢家の会計を圧迫していたというものである。

誰もが首を捻ろうというもの。なぜなら吉保は出世株のホープ。江戸時代は賄賂時代といわれて、将軍の覚え目出度い吉保のような政治家に取り入ろうと、多くの大名・旗本が賄賂を持ってきていた、といわれるほど吉保は、賄賂の権化とされる。

「おいおい、それはテレビドラマ『水戸黄門』の世界ではないか」と、もしも吉保が生きていれば抗議の一つも来るというもの。

実際には、吉保の家庭も「火の車」であったらしい。それが証拠には、吉保が幕府に借金を申し込むのはこの一回こっきりではなく、一年後の元禄四年（一六九一）二月に至って、今度は一万両もの大金を借金するのである。

この時にも、引っ越しが絡んでいる。「引っ越し貧乏」という言葉は、まるで吉保のために生まれた言葉であるようだ。

もっとも、そのための賄賂ではなかったか、とまで言い人があったとしたら、辛辣《しんらつ》を通り越して本当の「吉保嫌い」であろう。

冗談はさておき。

お成りの目的は？

さて、将軍のお成りについて記したい。お成りとは、将軍が家臣の屋敷などにやって来ることを言う。綱吉も、そうしたことが好きで老中、側用人などの屋敷を何度も訪問している。

綱吉が柳沢邸に初めてお成りになったのは、元禄四年（一六九一）三月二十二日のことである。

この日から宝永五年（一七〇八）十二月五日までの十八年間に、綱吉は五十八回の柳沢邸へのお成りを数えるのである。

お成りには、老中以下幕閣の幹部がお供をし、有力寺院の僧や、林大学頭信篤《だいがくのかみのぶあつ》らの学者などが参加した。

このお成りにも意味があるのだが、世の中の人々は「奇異」と「不審」の目を向けた。曰く、綱吉が染子を自由にする為の隠れ蓑である。曰く、染子でなくともそれ以外の若い女たちと、遊ぶためにお成りに名を借りた外出である。曰く、吉保との男色が目当てであるなどなど。これらの憶測は、いずれも下司の勘ぐりのたぐいである。

理由は後に述べるが、ただ一つ、男色は綱吉の趣味ではなかったと幕府側の記録にも書かれているのであるから、これは間違い。

『松蔭日記』には、綱吉がお成りのたびに柳沢家の家臣や学者（儒臣）、それに女性たちも競って学問を聴講したことが記されている。

また、作者の町子は冷静に筆を選んでいるが、こんな記述もある。

「この日のお成りには、染子様は月のもの（生理）であり、障りがあるとして将軍様の御前には出ることが出来なかった」

つまり、綱吉が染子との秘め事目当てで柳沢邸にお成りするのであれば、忌まれる生理の日を選ぶ訳がないではないか。

先に紹介した『黄門様と犬公方』（山室恭子著）によると、綱吉は、柳沢邸に来る度に必ずやっていることがある。それが、「講釈」であった。儒学のテキストを使っての勉強会である。

しかも、『四書五経』のうちの、ある書物を中心に講釈するのである。

講師になるのは、綱吉の場合もあったし、柳沢家の家臣や儒臣という場合もあった。吉保自身ということもあった。

そして柳沢邸では主に『中庸《ちゅうよう》』を中心に講釈が為されたという。

元禄四年（一六九一）から八年（一六九五）までは柳沢邸において『中庸』をきっちりとその内容の順番に従って読み進め、元禄八年から九年（一六九六）には『論語』に触れている。そして、元禄十年（一六九七）から十四年（一七〇一）までは『孟子』か『中庸』、十六年（一七〇三）以降は『論語』中心で、時折『孟子』を差し挟むという秩序立てた講釈のあり方が見えてくるという。

たとえば、『中庸』を中断して『孟子』や『論語』に変えた場合であっても、その後再び『中庸』を講釈する際には、中断したところの続きから始めるという継続性も持たせていた。

実は、綱吉のこの『四書五経』の講釈は、柳沢邸へのお成りの際だけに実行したものではなかった。

元禄七年（一六九四）に老中の屋敷を順に訪れる際にも、講釈をしている。しかもちゃんと順序立てた講釈である。二月に大久保忠朝の屋敷に赴いた際には、『大学』の「三綱領」を、三月の阿部正武屋敷では『大学』の「八條目」を、続く戸田忠昌屋敷では『大学』の「盤銘」を、というように秩序正しく講釈が為されている。

柳沢邸では『大学』は、一切講釈されなかったが、他の老中の屋敷では違ったのである。

綱吉の学問好きは、江戸城の城内でも毎月大名や近臣を集めて『易経』の連続講義会を開いていることからも分かる。いわば「江戸城学校」である。元禄六年（一六九三）四月に開講され、毎月ほぼ三度ずつ定期的に『易経』を勉強したのである。

そして、元禄十三年（一七〇〇）十一月に、読破して終了している。この『易経』の講義は合計二百四十回も続いたといわれる。

この講義に、吉保はほぼすべて出席している。生半可な「阿諛追従の徒」では出来ないことではないか。また、綱吉のお成りには学問の場という意味があったことも分かるであろう。

お成りに話を戻すと、まず儀礼から始まっている。普通は儀礼の盃事《さかずきごと》があり、それがすむと綱吉自らの講義、お成りになった家の学者、儒臣の講義、討論、時には武術、それから能楽の披露となって終わる。これが、お成りのカリキュラムである。

綱吉の趣味は、学問と能だけであったと伝えられる、その裏付けがお成りにも透けて見える。

この柳沢邸への第一回のお成りでは、綱吉は『大学』の「八條目」を講義した。それから吉保の家臣で学問に心得のあるものが七人出て、さまざまな漢籍などを進講した。

勉強会が終わったところで、綱吉は能を所望した。そして自ら『難波《なにわ》』『橋弁慶』『羽衣』『是界《ぜがい》』『乱れ』などを舞った。その後、吉保の家臣たちも舞台に出て演じた。

綱吉が柳沢邸に到着したのは午前十時。退出したのが午後八時であった。その間に食事も摂ったが、綱吉は十時間を吉保の屋敷で過ごしたことになる。

綱吉は、よほど吉保の接待が気に入ったのであろう。五月九日には二度目のお成りとなった。さらに、九月十一日、十月十三日、十二月十一日と、この年だけで五回ものお成りを果たしている。

黄門様とは犬猿の仲？

テレビドラマの『水戸黄門』では常に吉保を悪人視して、吉保を懲らしめようとしている。しかし実際には、そのような事実は全くなかったのだから、「実在」の吉保にとっても光圀にとっても迷惑な話であろう。

その水戸光圀が、綱吉から「隠居勧告」を受けたのである。

その原因はいくつかあったが、「生類憐れみの令」を光圀が批判したため、などというのはこれまたいい加減な話で、光圀はそうした批判を表立ってはやってはいない。いや、将軍綱吉が怖くて出来なかったというのが真相であろうと思われる。

綱吉が光圀に隠居勧告をしたのは、一体何が理由か。やはり、綱吉の後継を巡っての見解の相違としか言い様はなかろう。

綱吉は、自分の嫡男である徳松を六代将軍に、と考えていた。もし徳松でなければ、長女である鶴姫が嫁いだ先の紀州藩主・綱教《つなのり》を選ぶ算段もあったという。

しかし、これに対して御三家の立場から光圀は、時期将軍位には甲府宰相である綱豊《つなとよ》（綱吉の次兄である綱重の嫡子）を据え、その後の七代将軍に徳松を、という考え方だったとされる。もちろん、紀州綱教などは論外であった。

もちろん、こうした意見を正式に綱吉に述べる立場にいたとしても、光圀が綱吉にそのような意見を出来る訳がない。ただ、あちこちでそれが正論のように（自分の息の掛かったものの前で）述べた可能性はある。それが、綱吉の耳に入った。

ある日、綱吉は光圀を召して次のように尋ねたといわれる。

「水府、儂の後継についてさまざまな意見があるようだが、そなたの意見は如何に」

水府とは、光圀をいう。水戸の藩主であるから「水府」。綱吉にしてみれば光圀は家康のも孫に当たるし、自分より年齢も上になる。だが、将軍家である綱吉から考えれば、光圀に対して敬語を使う訳にもいかないから「水府」と、曖昧な呼び方をしたのであろう。そこまでは、一応綱吉も光圀に気を遣っていたようだ。

しかし、光圀は綱吉の問い掛けに明確な返答が出来なかった。出来ないということは、綱吉の耳に入っている光圀発言は事実と受け取るより仕方がなかった。

綱吉は、自分の将軍位就任時からの光圀への疑念があった。それを封じてきたが、とうとう我慢できなくなったのであろう。

この会見からしばらくして、綱吉の使いである老中の阿部豊後守正武が、小石川水戸屋敷を訪れた。黒書院に通された阿部に対して、光圀は下座に控えた。

「将軍家では、水戸光圀公はすでに老体ゆえにご隠居あそばれて然るべき旨でございます」

阿部の手には「上」と書かれた書状がある（このシーンな

どは、ほとんどテレビドラマと同じである)。

衝撃が、光圀を襲ったことであったろう。まさか、隠居を勧告されるとは、との思いではなかったか。

綱吉は、光圀に隠居のうえ封地にお引き籠もるように、と勧告した。それを阿部は極めて冷徹に告げたはずである。光圀の背中が震え、顔は引きつっていたであろう。

つまり阿部の言葉は、「水戸に押し籠め」ということであった。押し籠めとは、幕府の許しなく領内といえども自由に歩くことは出来ない。蟄居とは異なるが、ややそれに近いニュアンスで受け取られるような内容を指す。この勧告からすれば、諸国を漫遊することなど考えられない。

体のよい「江戸追放」処分といってもよい。

阿部から「押し籠め」を告げられた光圀は、背中から崩れ落ちるように惨めに畳みに突っ伏したという。

茫然自失、虚ろな両目、空白の頭脳、耳鳴りだけの聴覚。

光圀は、五か月後の十月に隠居届けを幕府に出す。後に光圀は、この時の衝撃の大きさを友人でもある佐賀の鍋島元武《もとたけ》に書状で、こう述べている。

「先日は急に将軍家からの上使がござ候いて、ここもと(自分は)うろたえ申し候段、お察し下さるべく候」

思わずうろたえてしまった、と述懐しているのである。そして、

「なおなお無念千万に候えども、年と申すくせものゆえ、ご奉公もまかりならず、さてさて是非なきことと存じ候」

無念千万、とはかなりの悔しさを表現している。しかも隠居の理由は自分が年を取り過ぎたためである、と強がっている。

『徳川実記』には「この卿の引退こそいぶかしけれ、いまだ老衰というにもあらず」とあり、光圀がどうして綱吉から隠居させられたのか、その理由は不明であるとしている。

『土芥寇讎記《どかいこうしゅうき》』という書物がある。元禄三年（一六九〇）頃に書かれたもので、当時の大名二百四十三人の人物評価などが載せてある。多分、綱吉の命を受けた老中か誰かが、何年か掛かって隠密に探らせた評判記であろう。

幕府にとっての裏資料のようなものであろうが、現在は東京大学史料編纂所にしか所蔵されていない。以前には(どういう訳で所蔵していたのか分からないが)旧広島浅野侯爵家にもう一冊あったというが、それは原爆で焼失したといわれている。

タイトルの『土芥寇讎』とは『孟子』にある言葉の「君の臣をみること、土芥のごとければ、すなわち、臣の君をみること寇讎のごとし」からの命名であったらしい。この言葉

は、当然綱吉の好きな『四書五経』にも入っている。この時代の大名、旗本ならば誰でも知っていたはずである。

その意味は「殿様が家臣を土芥（ゴミ）のように扱えば、家臣は殿様を寇讎（かたき）のように見るぞ」というようなものである。

水戸光圀の項目を見ると、

水戸中納言光国卿　従三位

御紋　葵

元禄三年に六十三歳

とあって、その正室について触れ、後継について触れている。ここでは「光圀」ではなく「光国」と記載されている。

ところで、以下のようなことはこの書物には書かれてはいないが、光圀が「黄門様」と呼ばれるには理由がある。中国では、皇帝は黄色で表され、宮廷の門は黄色に塗ってあった。その黄色い門を支配する役職（門番の頭）が、「黄門侍郎」という名称であり、日本では中納言がこれに当たるとされた。

いわゆる「唐名」であって、官職の名を中国風に呼ぶと中納言が「黄門」になる。従って水戸中納言は「水戸黄門」となる。

分かってみれば、どうということはない「黄門様」の由来である。

原文によると、家康に始まる長大な系図があり、水戸という領地についても記載されている。

そこには「名君」などとはほど遠い光圀像が描かれているのである。

頭には「文武両道、才知発明、仁と勇の持ち主」などと誉め上げているが、実際のところは、と記載する。

「女色に耽け給い、密かに悪書（遊郭）通いをし、かつまた常に酒宴遊興、甚だし」

光圀は、女癖が悪く、遊郭通いをし、遊女を買って酒宴に興じている。

「自分で文章を書き、出家僧侶などの学識を意地悪く試してみたりする。多分、自分が博学多才であるという自信がそうさせているのであろうが、御三家の大名としてよい趣味ではない」

ともある。最後に、この書物は報告を受けた誰か（幕閣の人物、あるいは綱吉自身か）が、評価を下している。

「真の学者は学問のあることを隠し、知恵を隠し、自然に学識が現れて、人に知られるものである。光圀卿は、僧侶や学者と議論して負かし、恥を掻かせるという。こうした恥辱を他人に与えておいて悦に入っているのは真の学者のやらないことである。人に迷惑をかけてはいけない。光圀卿の学者いじめはよくないことである」

しかし、この『土芥寇讎記』の内容が、光圀の失脚の理由ではなかった。とはいえ、本当のところも分からない。『土芥寇讎記』も、

「コノタビ尾州・紀州両卿ニ先立チテ御隠居ノコト、コレマタ世人ノ不審トスルトコロナリ。御思慮ノホド計リガタシ（今度、水戸公が御三家の尾張、紀伊に先立って隠居したことは、世の中の人々にとって理由が分からないことである。その考えも計りがたい）」

つまり、光圀が鍋島元武に出した書状のように「年齢のせい」ではなかったことだけは確かなことらしい。

やはり、そこには綱吉の強力な意志が働いた、と見るべきであろう。

本当の水戸黄門様は、将軍様には手も足も出なかった、というのが真実である。

いずれにしても光圀は綱吉に負けた。負けて、水戸に押し籠めとなり、後は光圀の兄の子である綱条《つなえだ》が第三代水戸藩主の座に就いた。

隠居した光圀は、水戸城下から五里（約二十キロメートル）離れた西山という山里に隠棲した。したくなくても、それが綱吉の命令であるから仕方がない。嫌だ、などと言ったなら三代藩主の綱条によって逼塞させられたかも知れないし、綱吉は水戸家を取り潰したかも知れない。

西山の隠居所は藁葺《わらぶ》きの貧しい建物であった。前藩主が住むには相応《ふさわ》しくなく、見栄っ張りの光圀には耐えられない住居であったらしい。

しかも水戸藩とは確執があった旧佐竹氏の本拠地ともいえる太田からは一キロメートルしか離れていない。光圀への、というよりも水戸藩への反感が強い地域であり光圀には住みにくい土地であったろう。

光圀は、この住居を「西山荘」と名付けた。そこで二十人ほどの家臣とともに余生を送った光圀は、元禄六年（一六九三）に一度だけ願い出て許可され、江戸に出ることがあっただけで残る生涯をこの住居で送った。

押し籠めとされたが、光圀は無聊を慰めるために時々周辺の散策をやった。散策は徐々に拡大して、水戸藩領のあちこちに行った。勿論、藩主の許しを得てのことである。

そこで、こんなエピソードを残す。（『桃源遺事』）

那珂郡に貧しい百姓がいた。父親が死んだが「必ず生き返

る」として棺から遺体を取り出した。そこに通りかかった黄門様ご一行。随行していた医師が薬を飲ませたところ、父親が生き返ってしまった。光圀は、この奇瑞を喜んで貧しい百姓に、白米、塩、味噌、野菜、魚を届けさせたという。さらに翌日には、父親の看病に励めと金一封を贈った。

この様子を見ていた土地の人々が「黄門様」の慈悲を振り撒いた。

まだある。

百姓夫妻が父母及び盲目の兄のために尽くした孝行ぶりを、黄門様が報奨された一件、妻が梅毒で廃人になった夫への孝養ぶりを黄門様が褒め称えた一件、孝行話の一件、貞節な妻の一件などなど。(『桃源遺事』など)

これらが、後世に拡大されて伝わり「水戸黄門漫遊記」となった可能性は大である。

光圀は江戸追放の身であるから、領内を歩くことも自由ではない。必ず許可が要った。許可は、後継者の水戸綱条が出し、それは幕府にも報告される。この時、幕府でそれに応じるのは吉保ではなく、老中であった。だから、吉保はあらゆる意味合いで光圀と『個人的』にも「公儀」としても、関わりは深くなかったといえる。

その光圀が、日本国中を漫遊して歩き、悪代官を退治したり、その藩の悪家老を懲らしめたりするのは、夢のまた夢ではなかったか。

いやいや、夢のまた夢は、光圀自身が見た夢であったかも知れない。

光圀が七十三歳で亡くなるのは、西山に押し籠められて十年後の元禄十三年(一七〇〇)十二月のことである。

以上見たように、実際には吉保と光圀は何らの抗争もしていない。それどころか、後には水戸藩主が吉保を慕うほどになる。

それが歴史の真実というものである。

第五章　吉保の真の実力

川越城主に

ところで、吉保の嫡男・吉里の実母である染子が元禄三年(一六九〇)五月に生んだ次男の長暢《ながのぶ》が、元禄五年(一六九二)三月になって、風邪を引き、それが元で死亡した。

ちょうど、吉保が養女としていた市子(実父は武川衆の子孫である折井正辰)が、下野《しもつけ》壬生《みぶ》の領主で後に高崎藩主になる松平右京亮輝貞との婚儀の直後のことであった。

だが、悲しみと喜びはあざなえる縄の如く、であった。

この年の五月、染子はまたまた男子を出産するのである。吉保は生まれた子に、安基と名付けた。

そして同じこの年十一月に吉保は三万石の加増を受け、合計六万二千三十石の知行となった。

翌年の元禄六年(一六九三)、吉保は七歳になった吉里を連れて江戸城に赴いた。ちょうど七歳になった自分を、父親が綱吉に拝謁させたのと同じように、との吉保の親心であったろう。

綱吉は、吉里に来国俊《らいくにとし》の太刀を自ら与えた。吉里にとってこの上ない名誉の一日となった。

そして、元禄七年(一六九四)正月七日、吉保はさらに一万石を加増され七万二千三十石となった。そのうえ、武蔵川越城主を命じられたのであった。

「一国一城の主」が、この時代の武士の最大の願いであり、名誉であり、誇りであった。

川越城は、徳川一門の名家である松平信輝の旧領であった。信輝は、「知恵伊豆」といわれた松平信綱の孫であり、綱吉は信輝を古河《こが》城に移して吉保に川越城を与えたのである。

一国一城の主になったからには、家臣を増やさねばならなかった。

そこで吉保は、武川衆の子孫を家臣に取り立てた。そして、城代に藪田忠左衛門を任命した。佐瀬三太夫政信を副城代とした。政信は、吉保の実母の実家である佐瀬家の者である。

吉保の父親が館林宰相だった綱吉に仕えていた頃には、小者は別として家臣は、曽禰権太夫貞剋《さだかつ》ただ一人であった。

だが、吉保が昇進するに従って家臣は増え続けていた。当時の分限帳には、村田正武、根津文左衛門、荻沢文右衛門、入谷五右衛門、加藤平七右衛門らの名前が見える。当然のことだが、甲州武士の子孫が多い。曽禰権太夫は筆頭家老となっている。

大名として吉保が諸侯に列するようになった頃には、家臣団は百四人を数えていた。

江戸時代の家臣の数は、ほぼ百石に一人の直参とされていたようであるから、七万二千石を超えた吉保の家臣は、規定でいえば七百二十人を必要とした。もっとも戦国時代ではない。しかも武士の経済は苦しい時代に入っているので、吉保といえどもそれほどに直参の家臣団を必要とはしなかったであろう。

川越城を守備出来て、領内を治められればそれでよかった。それに、吉保の所領も各地に散っていたのである。

吉保が川越城を与えられた時の所領地は、武蔵国入間郡をはじめ、新座、比企、高麗《こま》、埼玉の四郡と和泉国の泉、大鳥二郡、河内国渋川郡、摂津国の川辺、豊島、住吉の合わせて十一郡であった。

吉保は、川越城移住を前にして三十四箇条からなる「士掟の条目」を制定した。一条の「公儀の御法度を堅く守ること」から始まって「忠孝を専らにして」「学問を励し、武芸を習い」「慈悲の儀を堅持する」などなどだが、その最後の方に「百姓町人に関する」部分がある。

そこには「百姓町人から金銀、米、銭などを借用すべからず」「押し買い、狼藉すべからず」「私用に人馬を使うべからず」「百姓町人から音物《いんもつ》など一切受け取ることはならぬ」などとある。

どうですか。（これまでの柳沢吉保像とは全く違うでしょう。ここまで、家臣に「百姓町人」対策をきちんと命じているとは、と信じられない向きもあるでしょうが、これはすべて事実です）

百姓町人から貰い物を一切するな、侍風を吹かせるな、専ら質素な生活をせよ、というのである。

吉保自身は、綱吉の側用人という立場、公用があるために、川越には行かず、城代を置いたのである。しかし、城代から川越についてはさまざまな情報が寄せられる。

川越城というのは、平山城で天然の要害を備えていた。室町時代に江戸城を築いた太田道灌《どうかん》が、この川越城も造っている。そうした中世以来の歴史を持ち、天正十八年（一五九〇）に家康が江戸に入府した時には、譜代の筆頭ともいえる酒井重忠《しげただ》（酒井正親《まさちか》の次男）を入れている。

その後、名君といわれた松平信綱がこの城を新築、修理している。

吉保の川越藩政は、この元禄七年（一六九四）一月から宝永元年（一七〇四）までの十年間に及ぶことになる。

吉保は、一国一城である川越藩の仕切りを、家老の曽禰権太夫貞剋に委任した。

「民意を反映し、仁政に尽くすべし。城代は家士の模範に、家士は領民の模範になるように自戒することである」という吉保の意を、権太夫はよく汲み取って仁政を尽くした。

この秋、九月二十六日になって権太夫から領内で採れた新米が、江戸の屋敷に送られてきた。吉保は、この新米を作ってくれた領内の農民たちへの礼を言葉にしながら、一粒ずつ口に入れたという。新米を噛み締めながら、領民への感謝を思い、さらには綱吉への恩恵を思ったのであろう。

武蔵野の原野を農地に

吉保が、川越藩主として行った最大の民政事業は「三富《さんとみ》開発」であった。

この「三富開発」は、現代の言い方をすれば「農山村近代化振興事業」「新田開発のための区画整理事業」といえるようなものであった。近世日本の開拓史上に輝く事業ともいわれる。

というのは、江戸期における藩が直営で行った農業振興事業として日本農政史に記録されるものであったからだ。


以下は、開発事業記録からの抜粋である。

ご多分に漏れず、川越藩の経済も苦しかった。

吉保は、川越に入府した権太夫らから周辺の様子を聞いて、武蔵野の広大な原野が残っていることも知った。

そこで、武蔵野のその原野を開発して領民のために耕地を増やすことは出来ないものか、とその方法を考えるように命じたのである。

権太夫は、藩を上げてやる事業として開拓計画を作成した。その後、直ちに名主、百姓代など関係する二十九か村の代表を集めて、計画の全貌を知らしめ、全面的な協力を得るように計らったのであった。

権太夫が、家臣団と話し合って立てた計画は、川越城を隔てて南へ約三里（十二キロメートル）の場所にある上富・中富・下富の三地区に跨る東西三十三町余り、南北四十七町に及ぶ原野の開発であった。

その面積は、上富の地蔵林を中心にしてほぼ千三百町歩（千三百ヘクタール）という広大さであった。後に三富新田開発と呼ばれる事業に、吉保は着眼した。

それまでの三富一帯は山林と原野であった。そのため周囲二十九か村の農民が、野銭、草銭といわれた若干の負担金を税金として納めて、秣《まぐさ》場として秣や茅などを採集していたのであった。しかし、入会権が複雑に絡み合っていたこともあり、この地域では農民間に利権を巡る争いが絶えなかったといわれていた。

吉保は権太夫に、事業は二十九か村の農民が納得した上で行うように、と命じた。そこで権太夫は、開拓地の中心部にまず仮小屋を造って事業を始めたという。ここを住居兼監督小屋にして、地蔵林から地割り作業に入った。

関係二十九か村の村長などに地割り図面を示して、全員が納得するまで話し合い、それを確認してから境界線を決め、本格的な作業に入るという慎重な態度が功を奏したようである。

三年間にわたる長丁場の大事業であるのに、ただの一度も農民側からのクレームはなく、大きなトラブルもなく事業は遂行された、と当時の開拓記録に残されている。

開拓は、幅四間から六間（一間は一・八メートル）の道路を縦横に開き、間口四十間（七十二メートル）、奥行き三百七十五間（六百七十五メートル）、面積五町歩（一万五千坪、五ヘクタール）を一区画として、土地を区切って中央に一間幅の農道を通した。

それぞれの境界には卯木《うつぎ》を植えて、屋敷を仕切った。屋敷内には、道路に面した表側に住居を配し、一戸ごとに耕作道をつけた。その後方に畑地を設け、最後方を山林とした。

水はけの悪い赤土（関東ローム層）には大量の堆肥を入れて土壌改良を図り、十一個所に深井戸（水深二十二メートル）を掘って、共同利用させた。

こうして足掛け三年後の元禄九年（一六九六）にこの大事業は完成する。

この大事業によって、武蔵野の果てない原野には、上富村に百四十二戸、中富村に四十八戸、下富村に五十戸の合計二百四十一戸の農家が入植したのであった。

現代、この三富新田は「日本の里百選　すこやかで美しい里を未来へ」に選ばれている。

さて吉保は、こうして開拓した三富（この村名も吉保が命名した）に入植した者たちに対して「向こう五年間の租税免除の措置を取るように」という恩典を与えている。

同時に、彼らの精神的な拠り所として菩提寺の建立を行った。寺の名前は「三富山多福寺」（臨済宗妙心寺派）とし、開山には当時名僧とうたわれていた江戸渋谷東北寺の洞天慧水《どうてんけいすい》禅師を招請した。

寺領は三千六百石を宛て、境内の広さは十四万五千坪というものであったという。

この寺の第二世虎峰玄章禅師は、吉保の生母・佐瀬津那子が再々婚してもうけた吉保の異父弟である。

以降、この寺は代々虎峰禅師の血統が継承し、吉保から許されて、今日まで住職は「柳沢」姓を名乗っている。

また吉保は、別に祈願所として多門院を建立し、ここには弁財天、多聞天を祀らせた。

吉保によるこの三富開拓は、現在まで地元の三芳町では郷土の歴史の中で重大な出来事として記録し、吉保への恩義を忘れずにいるという。こうした吉保の地味なしかも顕著な事績を無視して、虚構を事実のように扱っている小説やテレビドラマの何と多いことか。

なお、この三富開拓の総監督であった権太夫は、この功績を認められて、後に曽禰姓から柳沢姓を許されるのである。権太夫は、後に柳沢家の家老・柳沢保格《やすただ》と名乗る。

荻生徂徠の登用

この三富開拓が完成する頃に、吉保は儒臣として荻生徂徠《おぎゅうそらい》（本名・総右衛門茂卿）を召し抱えている。荻生徂徠は、吉保の儒者として精神的な部分を補った。

こんな出来事があった。

ちょうど、徂徠が柳沢家に召し抱えられたばかりの時であった。

川越の一人の領民が貧しさゆえにどうしても食べていけなくなった。領民は妻を数日前に離縁して実家に戻し、自分は剃髪して道入と名乗り、一人の老母を伴って各地をさまよい歩いた。そして熊谷のあたりに来た時、路傍で老母が寝ている間に自分だけ江戸に入ってしまった。

棄てられた老母は、やがて川越に送り返されたが、この事件は「道入親棄ての事件」といわれて議論の対象になった。

「この場合の親棄ては、犯罪になるかどうか」が、最大の議論であり、遂に将軍綱吉の耳に入れるという大事になってしまった。

吉保は、領民の命を助けたいという気持ちが強かったが、親棄ては罪になるのではないか、という思いもあった。

すると徂徠は「古今書籍にもその前例はない。しかも道入の場合は、妻を離別した身でありながら老母を連れて物乞いをしてあるいたのだから、むしろ奇特の人というべきであろう。親棄てというのは、自分が妻と共にいて親をどこかに棄てた場合を指すので、この際は道入を罰するのは偲びがたいのではないか」と、意見を具申した。

吉保の考えにも適った意見であったので、吉保は早速綱吉に上申して無罪の決裁を仰ぎ、今後の判例としたのであった。

この事件以後、吉保は徂徠の学問の深さもさることながら、その人間性の善を大いに信頼するようになったのである。

吉保が、この領民と老母とを憐れんで生活が立つようにしたことは当然であった。このような領民に対する思い遣りは、吉保の場合枚挙にいとまがない。例えばこんなこともあった。

領内の村々で蔵屋敷の数を調べさせたところ、蔵のない村がいくつかあった。吉保は、蔵屋敷がないということは地域が荒れていて収穫が少ないためではないかとして、年貢の割付の吟味を代官に申し付けた、という。

また、諸国が飢饉に陥った際、川越も例外ではなかった。そこで、領内の役人たちに命じて、餓えている人々には御救米を与えるように、と命じた。柳沢家に入る収入量を少なくしても、領民の飢えを助けたのである。

領内で八十歳以上の長命を保った男女には、米一俵ずつをお祝いとして配ったこともある。現代の「敬老の日のプレゼント」の先魁でともいえようか。

吉保にしてみれば、こんなことは当たり前のことであって特別ではなかった。こうしたことは、吉保の「川越にては何事も領民が第一。江戸表にては綱吉公へのご奉公が第一」という面目躍如であった。

江戸ではこんなことがあった。

吉保が江戸城に登城する時や退出する時に、町人や農民が駕籠《かご》に訴状を差し出すことがたびたびあった。いわゆる駆け込み訴えである。中には吉保の屋敷にまで訴えがあったほどだ。しかしこれらは本来、許されることではない。駆け込み訴えは罪になった。場合によっては訴人が殺されることもあった。

しかし、吉保は人の命を大事にした。

これらをことごとく聞き入れて、訴えに正当性があれば町人の場合は町奉行に、農民の場合は勘定奉行に対して「自分の考えだが」と内意を遣わせて、訴人が罪を得ないように配慮したのである。

書物に残される吉保像

柳沢家の家臣が記した『柳沢家秘蔵実記』という書物があ

る。水戸光圀が亡くなった後に書かれたいくつかの書物も、みな「いかに立派な殿様であったか」「名君であったか」を繰り返し書いている。だから『実記』もその類かも知れない。

しかし、ここに書かれている吉保の姿は、ほぼ実像に近いと思われる。何故なら、家臣だけでなく同時代人が書き残したいくつかの吉保像とほとんど同じだからである。

『実記』から少し、吉保に関する部分を拾ってみよう。

「殿様（吉保）は、午前十時には登城なされ、午後二時にはお城を退出なさるのが日課であった。朝は必ずご精進で、登城の前には裃《かみしも》姿で持仏（守り本尊の毘沙門天）を拝まれる。そしてお守り袋を懐中に入れて登城なされ、退出後はただちにお守り棚へそれを収めるのが常であった」

「平生のお料理に好き嫌いはなく、朝食は一汁三菜、夕膳は一汁五菜、夜食は一汁三菜と決まっていた。朝夕とも随分軽いものを召し上がられた。衣類も目立たないような質素なものをお召しになっていた」

「酒は好まれず、お姫様方が雛《ひな》の節句に樽を進ぜられても、この樽は台所の小使いたちに遣わせ、としてご自身で召し上がることはなかった」

「殿は武士として、武辺を治めることを第一にと申しておられた。剣術は御流儀（柳生新陰流《やなぎゅうしんかげりゅう》）、軍学は甲州流、弓術は吉田流と大和流、槍は無辺流（直槍）と宝蔵院流（十文字槍）、馬術は八丈流と大坪流を、必ず毎日稽古した」

「剣術は、柳生内蔵助がたびたび召されて御指南したが、これは徳川将軍家の御流儀なれば、とことのほか心遣いを示し、お稽古の最中は周辺の戸を閉め切って外部には見せないようにした。お稽古中は、家臣が立ち入ることもお許しにならず、稽古に際しては柳生とても御流儀の師範なればとして、必ず自分自身は下段に下がって柳生を上段に据えて指南を受けられた」

馬術に熱心だったのは、「馬を達者に乗りこなせぬようでは往来で恥を掻くのみならず、出火などの際に御用を務めかねるからだ」という吉保の心得から来ていた。そのために月に二、三回は必ず馬場に出て乗馬を行ったという。

ここにいう「出火」とは、江戸城付近の火事をいう。そうした想定で、本郷台町、駒込、小菅などの下屋敷へ早乗りをし、家臣には駆け足を命じた。駆け足は、若い家臣たちへの鍛錬であった。

雪の日の遠乗りも吉保はしばしば行った。こんな逸話が残されている。

こうした遠乗りには、お側役が供をすることになっていた。お側役の中に宇右衛門という家臣があった。宇右衛門は、痔疾があって乗馬が苦手であった。しかし、それを口にする訳にはいかず、時々馬嫌いですから、などと言い訳をし、お供も他人に代わってもらったりしていた。

吉保は、そんなこととは知らず、宇右衛門のサボりだと思っていたのであろう。なにがしかの罰を与えようと理由を尋ねると、宇右衛門は真っ赤になりながら「痔疾ゆえ」と正直に答えた。

吉保は失笑して「なぜありのままを言わぬのじゃ」といたわり、以後は宇右衛門を遠乗りのメンバーから外した。

吉保は、宇右衛門の例に倣い、他にも病気や痛みのある家臣がいるかも知れないと考えたらしく、そうした理由でお供が出来かねる家臣については「誰々乗馬相済まず」という札に姓名を書き付けてお次の間の柱に貼り付けることにした。

平癒すれば、この札から名前は消されたが、なかなか名前が消えないと、吉保自身がその家臣に対して「そちはまだ平癒いたさぬのか。身をいたわれよ」などと言われたものであったから、家臣は感激したという。

吉保は、すべて慎みが肝要、という言葉をよく使ったとされる。

「今の我が身の務め柄、また将軍家のご厚意を受ける立場であれば、おのずと家臣たちも外に出た時に、わがもの顔に振る舞いたくなるかも知れない。だが断じてそのようなことがあってはならない。大道を歩く時も、なるべく道の端を通るくらいな慎みが肝要である。お供の面々にもこの点は十分に弁えておくように」

これが吉保の、幕閣の幹部として生きるスタンスであった。

だから、柳沢家の家臣に限っては、他所でがさつな振る舞いをした者はなかったといわれる。

また吉保は日頃から「言葉は心の表れなり」とも言ったという。

「殿は常に言葉遣いには注意しておられ、近侍の者は申すに及ばず、御坊主たち（江戸城内の茶坊主たち）のような者に対してもいたって丁寧な物言いをなされた」

『柳沢家秘蔵実記』の筆者が、吉保を誇りに思っていた様子が、その文面から滲み出てくる。

柳沢吉保という人物が、いかに官僚・文官・武官として器量の整った人であったかがよく分かろうというものだ。

繰り返すが、少なくとも吉保は、テレビドラマなどで悪人に仕立て上げられているように、将軍綱吉の寵愛をかさに着て、強いものに弱く、弱いものに強く、を地でいった小人ではなかった。

そうした吉保の実像が、これらの資料の中に垣間見られる吉保の日常や発言からも、理解出来るというものではないだろうか。

名君としての吉保

柳沢吉保を正当に評価する数少ない作家の一人である五味康祐《やすすけ》は、『柳沢吉保』(「人物日本の歴史」)という文章の中で、「日常膝を崩すこともない慎み深さ、供侍にまでがさつの振る舞いなきよういさめた態度。領民への思い遣り。どれ一つを取っても律儀すぎるほど律儀で、お上大切と心掛けた実意ある武士の像しか浮かんでこない」と書いている。

続けて「総じて上司におべっかを言い、ゴマすりを得意とする手合いには万事に抜け目のない小才子が多いものである。そういう小賢しい徒輩に限って、虎の威を借る狐で、陰では威張り散らし、かつ上司のいない場所では立ち居振る舞いも横柄で、いたって残忍なものである。すなわち(彼らは)吉保とはおよそ別なタイプの人間である」という。

さらに「要するに吉保は、自分を登用してくれた将軍綱吉に一途に忠勤を励む体の人物だったので、世人の羨望を買う出世をしたのも、綱吉におもねったからでなく、綱吉自身が吉保の実直さ、律儀さを愛でて異数の出世をさせたとみるべきだろう」と書いた。

いくつもの史資料を駆使した論文に近い文章の、これが結論の部分であるが、けだし鋭い分析といえよう。

吉保のそうした態度に対して、家中では恐らく「名君とは、我が殿のような御方をいうのであろう」というような評価があったに違いない。その言葉が、いつしか江戸在府の吉保の耳に入った。

吉保は顔をしかめたという。そして「名君などと簡単に口にすべきではない。名君が変じて暗君になることもある。名君とは、領民が口にする言葉であって、しかもそうした言葉は後になって付いてくるものだ。名君になりたくて領地を治めているのではない。結果として名君と呼ばれる実績を上げられるかどうか、ではないか。そのような領主は数少ないであろうな」と、そんな意味のことを口にしたといわれる。

領民第一。その言葉には、吉保の姿勢が素直に表されている。

天禄七年（一六九四）のことである。

吉保は、十八年前に龍興寺の竺道祖梵和尚から授かったままの公案についてやっと省得するところがあったという。だが、すでに竺道和尚はこの世の人ではない。

そこで吉保は、東北寺の洞天和尚に書を送って、自らの答案を読んでもらったようである。

二十歳の吉保が生き方に迷って竺道の門を叩き、与えられた公案は、

「僧、雲前に問ふ、不起一念、還って過ありや、またなしや。門曰く、須弥山」

というものであった。この公案に対する答えを十八年間考えていた訳ではなかっただろうが、吉保は十八年目に至って初めて、胸に灯りが点いたような気がしたのであろう。

洞天に送った書には、

「工夫スルニ、不起一念ト問フ意ハ即チ須弥山云々（後略）」

とあったという。公案への答えである。それは禅問答に似ている。ここでは、その内容の云々ではなく、十八年経っても公案に答えていない自分を忘れてはいない吉保の律儀さを強調しておきたい。

また、これは吉保の宗教的素養を示す一端ともいえよう。

吉保は、十一月二十五日には初の評定座に出席した。そして、十二月九日になって「侍従」に任じられ、老中格となった。

翌年の元禄八年（一六九五）正月には、綱吉の五十歳の誕生を記念する大きなイベントが待っていた。吉保夫妻は、その綱吉の五十歳慶賀のために次のような祝賀の歌を献じている。

三千年《みちとせ》に　花さきみのる　桃の園
　ぬしをも越ん　君のよはいは
　　　　　　　　　　　　　　　　保明

我君は　こゝろのまゝの　よはいにて
　いそぢのけふぞ　千代の初春
　　　　　　　　　　　　　　　　定子

町子は『松陰日記』の元禄七年年の暮れを、こんな言葉で締めくくっている。

「かくて、君は侍従にならせ給へり、いとはえばえしきとしのくれなり」（千代の春）

（かくして吉保の君は侍従におなりになった。たいそう光栄ある年の暮れであることよ）「千代の春の巻」

吉保と六義園

「春たちかへるあしたより、いつしかと、おまへちかき梅の、こゝろもとなかりしかも、けしきことにかほり出つゝ、たちそふ柳の、いとものどかにくりかへし、あかずことぶきかはすうちに、ことしはよそぢの御賀あるべし、此御いそぎ、鶯のこゑより、けにまたるゝものにて、いづかたにも、さまざまにぞおぼしいとなむ」（春の池）

（春が再び戻ったその元旦の朝から、早く咲いてほしいとじれったく思っていたお庭先の梅の花も、趣を一新して薫り出した。また梅の木の傍らに植えられている柳の糸枝も、のどかに見え、その糸を括るのではないが、繰り返し何度も飽きることなく新年の挨拶を交わしているうちに松の内も過ぎ去ってゆく。今年は、吉保の君の四十歳の御賀があるはずである。このお祝いは、鶯の声よりもさらに一段と待たれるものであって、みないろいろと思案して、その準備に励んでおられる）「春の池の巻」

元禄十年（一六九七）の正月を迎えた柳沢邸は、今年吉保の四十歳の祝賀の宴があることから、早くも浮き浮きしていた。特に、女たちは、様々な工夫を凝らそうとしているようであった。

その浮き浮きした心が、町子の筆遣いから察せられる。ところで、この元禄十年を迎えるまでに、吉保の周辺にもさまざまなことがあった。

元禄八年（一六九五）四月には、駒込の松平加賀守の上屋敷を与えられた。その広さは、実に四万八千九百二十一坪（十六・一四ヘクタール）もあった。

この駒込の邸が、後に六義園となる。

なお、この駒込の邸には後に七千四百二十坪（二・四ヘクタール）を加えられる。吉保が、この庭を「六義園《むくさのにわ》」、建物を「六義舘《むくさのたち》」と名付けるのは、元禄十一年（一六九八）のことになる。

貨幣改鋳への誤解

逼迫した幕府財政を立て直すための窮余の一策として、貨幣の改鋳《かいちゅう》が計画された。

貨幣改鋳の総奉行は老中・阿部豊後守正武、副奉行は若年寄・加藤佐渡守明英《あきひで》であったが、阿部老中からすべてを任されたのが荻原重秀《おぎわらしげひで》であった。

重秀は、祖先が吉保同様に武田の旧臣であった。それも、信玄の父・信虎の傅役（守り役）であり初期武田家の軍師でもあった萩原常陸介昌勝という武将を祖先に持っていた。

当然、吉保もその出自を知っていたが、この時点で重秀はまだまだ知行五百五十石の旗本に過ぎなかった。

だが、その才覚は幕閣の誰もが認めるところで、貨幣改鋳が始まった元禄八年（一六九五）翌年には早くも勘定奉行に昇進している。

その才覚の一端は、綱吉が将軍に就任以前に行われた延宝検地で功績を挙げ、さらに綱吉就任後に、綱吉が各地の悪代官を粛正した折にも取り締まる側の人間として参加し、実を上げたことにもみられる。

しばらく荻原重秀という、吉保と並んで元禄時代の官僚としては後世に評判の悪い人物について話を進めたい。

というのも、この荻原重秀もいわれのない非難を浴びせられ続けた人物であるからだ。

後に詳しく記すが、重秀の幕閣の一員としての功績は数え切れないくらいにある。中でも「貨幣改鋳」は、この時代の最大の「事件」といえよう。それは、金貨に銀を混ぜて金貨の品質を落とし、重秀本人を含めて大儲けをしたという中傷にさらされ続け、そして現在までもその非を伝えられている張本人だからである。

そこに、同時代人としての吉保が絡んだようにいわれ、吉保もまたこの「貨幣改鋳」事件のとばっちりを受ける羽目になった。

これこそ、吉保が担当した財政問題ではなく、吉保にとってはでっち上げに他ならない出来事である。

以下に「貨幣改鋳」の概要を述べよう。

この時代、現代に似て「経済が分かる人」いわば「経世理財の才幹」があることが一番大切であったが、幕閣にも旗本、大名、その家臣団にも「経世理財の才幹」ある人物はまだまだ少なかった。

さらに、こうした経済的能力がある人物を「銭勘定に長《た》けている」ことは、武士の仕事ではない」などと、一段低く見る傾向がまだ改まっていない時期でもあった。

そのくせ、世の中は「経済が分からなければどうにもならない」という状況に来ている。

綱吉がいち早く、政治改革に乗り出して、身分制を廃して能力主義を取ったのもそうした「時代の要請」があったからだが、それを理解出来ない者はまだまだ多かったのである。

そこに後世から悪評を蒙るという「重秀の不幸」があり、ひいては「吉保の不幸」にもつながった。

荻原家は、武田家滅亡後に荻原昌重という人物が家康に仕えたことから、江戸期に残った。一族は一貫して勘定奉行配下にあって、その下役を務めて禄は二百俵であった。

十七歳の時に、幕府は勘定所に三十二人の若者を召し出したが、その中に重秀もいた。これが出世の糸口になった。

元禄四年（一六九一）には、それまでの功績を認められて勘定吟味役と佐渡奉行を兼ねるように命じられた。重秀は、吉保と同じ年の生まれであったから、この時三十四歳になっていた。

そして重秀は期待に応えて佐渡奉行としての任を全うした。

元禄八年の貨幣改鋳の時には、吉保は側用人であり、老中格になったばかりであった。正式な老中は大久保加賀守忠朝ら四人であって、重秀を勘定吟味役に引き上げる人事に吉保は関わっていない筈である。

それほどに重秀は、経済官僚（政策官僚）として優秀であったのだ。

重秀はこの時の老中から相談されて、こう語ったという。

「その国が経済的に豊かであるか貧しいかは、金銀貨幣の通用する数量を見れば分かります。我が国の場合も、幕府が金銀貨幣に極印を押して、その通用を保証さえすれば、貨幣の質の良否など問題ではありません。現に、大坂では信用手形が盛んに出されているし、藩札の発行も増加の一途を辿っています。ですから、この際金貨・銀貨を改鋳して、金には銀を、銀には錫《すず》・銅などを多量に混ぜて、数量を増やし、額を倍増させたならば、民百姓の暮らし向きも楽になるし、国も豊かになります。これこそ御仁政と称すべきものでありましょう」

このように論理的で、堂々とした重秀の主張に幕閣は誰一人反論出来ず、受け入れられたのである。当然のことながら、重秀の提案は採用された。金の含有量は三二パーセント減らされたのである。幕府はこうした金の減少、銀の増加についても隠さず、堂々と「金に銀を混ぜた」という意味のことを発表している。

この改鋳には、後に多くの批判が加えられる。「貨幣改鋳によって物価が騰貴した」「米価が急激に上昇した」などの意見が多かったが、実はこれらは根拠のない批判であった。批判者の中でも特に新井白石の批判は厳しく、後に白石は「八つ裂きにしてもあきたらない」とまで、重秀を名指して糾弾しているほどである。

白石は、経済官僚としての荻原重秀という人物を「嫉妬」した。自分が持っていない才能を妬み、嫉み、激しく悪口を言うことで、重秀の業績をゼロにしてやろうと考えたに違いあるまい。

それほどに白石が憎み、嫉妬した原因の一つに、自分の不遇さを重秀や、はたまた無関係の吉保らに重ねることで、胸を晴らしたいという幼稚な心情があったのではないだろうか。

後に、八代将軍吉宗によって放逐される白石の狷介《けんかい》さが、こうした一連の行動や言動に見て取れるというものである。

ところで、重秀が中心になって行ったこの改鋳の結果、幕府は五百万両もの差額を得ることが出来たとされる。そして、この改鋳が原因で後に重秀は失脚することになる。その陰謀を図ったのは白石であったとされる。

重秀が後に語った有名な言葉がある。それは「貨幣は国家が造る所、瓦礫を以てこれに代えるといえども、まさに行うべし。今、鋳するところの銅銭、悪簿といえどもなお、紙鈔《ししょう》（紙幣）に勝る。これ遂行すべし」というもので、改鋳後の貨幣の質が悪いと批判された時の反論である。

まさに、名目貨幣の考え方であり、現在、我々が使っている紙幣は、まさにこの「重秀」の言葉そのものであろう。

つまり、小判一両が一両分の価値をもつ金で出来ていなくても（一両分の金で作られていなくても）、政府が「一両である」との裏付けさえもてば、そしてそれを一両として使えさえすれば、「それは一両ではないか」という簡単な考え方である。

この「一両を」現在の「一万円」に置き換えて考えれば、すぐに分かる理屈であろう。

経済学者ケインズよりも二百年前の卓見ともいわれるのが、重秀のこの考え方であった。何故、東洋の孤独な島国である江戸時代の日本で、このような考え方が生まれたのであろうか。改めて荻原重秀という人物の「経済官僚」としての優秀さを感じるのであるが。

ところで、先にも述べた通り、重秀登用は吉保の思惑にはなかったことであった。この時代の出来事のすべてを「綱吉の補佐役としての吉保の悪政」と主張する人々の、これも勘違いであることは間違いない。

黄門様も認める皇陵修理

さて、元禄時代の最大の経済的な出来事であった「貨幣改鋳」から話を吉保に戻したい。

こうした様々なことがあった間に、三男の安基が病死している。しかし、町子が四男の経隆《つねたか》、五男の時睦《ときちか》を生んでいる。後に経隆、時睦はそれぞれに一万石を与えられて、柳沢の新家を立てることになる。

四十歳の賀は吉保が「不惑」「初老」になったことを示すものであった。

綱吉は、吉保の「不惑」を祝って祝賀の膳と祝盃を下賜し、また一文字作の刀と脇差、鳩の杖、さらには狩野洞泉の描いた大屏風一双など数々の品物を贈った。

元禄十年（一六九七）二月一日の、江戸城内における綱吉自らによる学問講義には、吉保の家臣二十四人が招かれて聴講した。一般には六、七人が普通であるが、この人数は異例といえた。その中には、柳沢家の学問所教授であり吉保の儒臣であった荻生徂徠、志村禎幹、細井広沢《こうたく》（知慎《ともちか》）らもいた。

それ以前に、吉保は綱吉から神社、仏閣の社伝、寺記、修理、それらの真偽考証の一切を命ぜられた。吉保は、直ちに細井広沢に命じて真偽考証に当たらせた。

これがきっかけになって、元禄時代の「皇陵修理」につながっていくのである。

細井広沢には細井知名（紫山）という兄がいる。知名は、かつて大和郡山藩主であった頃（延宝七年〜貞享二年）の松平信之に藩の儒臣として仕えていた。

その当時、大和における天皇陵の荒廃をまざまざとその目にしていた。元来、皇室を崇敬してきた知名は、側用人から老中格に上った吉保に弟が儒臣として仕えたことに目を付けた（広沢は、儒臣として仕えたが実は剣術も、赤穂浪士の堀部安兵衛と並ぶほどの腕を持ち、さらには俳諧の世界でも知られる存在であった）。

さて、広沢を通じて「皇陵修理」の申し出に対して吉保は綱吉の決済を仰いだ。すると綱吉も皇室への崇敬が篤い将軍であった。

「ただちにその事業に着手せよ」

と命じられた。吉保は、知慎、広沢兄弟を中心にしたチームを作って事業に当たらせた。

もっとも事業といっても、天皇陵を調査して崩れた個所などを修理し、これ以上荒廃しないように周囲に垣を巡らして立ち入り禁止の表示などを行うというものであった。だが、それまで天皇陵に勝手に立ち入って陵を荒らす者が多かったことを考えれば、この事業は幕府が行った皇陵修理の最初のものとして意義はあった。

事業は元禄十二年（一六九九）四月に終了した。終了した後『徳川実記』にも「こたび本朝元弘建武の大乱以後、古帝王の寝陵荒廃して其有か、たしかならず。樵牧雉兎《しょうぼくちと》の蹊経となりき。然るを数百年をへて修治する事もなし。是一大欠典といふべし。しかるを当代感じ思召ありて云々」と書いている。

広沢もまた、この事業を記録に残した。

「其秋、知名の一子世をはやくし、又知名も珍阿にかかりぬ。其折しも侍従の君（吉保）、知慎（広沢）に命じて帝陵の御在所を考えせしめ、まさに諸陵に事あらんの御あらましなれば、いそぎ知名にかく告たりば、知名病の床にありて手を合わせ、聖君在、賢佐有、時なる哉、知名死すとも骨朽ちることなからんとて感涙を流し、又考妣《こうひ》（亡き母）を拝して、其庭訓により此心をたもちて此時にあえりと、大いに喜びぬ。惜しむべし知名、此年秋八月朔日、年四十二を以て逝く」

この文章は、兄の知名の仕事を敬い、この事業を命じた綱吉を「聖君」在りといい、遂行した吉保を「賢佐」有りといっている。綱吉の鶴の一声で決定した事業であろうが、それはそのまま献策した吉保への信頼にもつながっている。

広沢はそれを文章に書き残したのであった。

また水戸光圀も、この元禄の「皇陵修理」事業について、自ら筆を執った『皇陵志稿』の中で「元禄の修復、その喜びは自ら禁じ得ず。ただ単に竹垣を施したのみなれど、実に空前絶後の大事業なり。こは、人は帝王の尊を知ることなり。元禄の修陵、これ歴史上の一角を占断して、雄視するに足るべき尊王史上の一大偉業なり」と絶賛しているのである。

綱吉との確執、それに伴う吉保への疑念があったとしても、最大の賛辞を贈っていることになる。吉保への疑念があったとしたら、このようには記すはずはなかろう。

何故ならば、光圀はここに至ってこんな言い方までしているからである。

「天の声、気運があり、気は良き人を捉えたり。そは柳沢保明（吉保）なり」という評価さえしているのだから。

なお余談ながら、この事業は明治二十一年（一八八八）七月、時の明治政府に評価されて、知名の子孫（細井昌太郎）

は金二十五円を下賜されている。

そこには「祖先細井知名同知慎深く山稜の荒廃を嘆じ知慎を以て老中柳沢吉保へ建白し遂に元禄年中諸陵修営の挙あるに到り候段奇特に思召され依て祭資粢《さいしせい》として金弐拾五円下賜候事　宮内省」とある。明確に吉保の名前が出てくるのである。

そして吉保その人には、大正天皇即位に際して最も先に贈位選彰があった。その「策命文」を要約すれば、

「山稜の埋没せしを探り求め荒れ廃りしを修理するに当りてよく勤め労し、或いは武蔵野を開きて、ここだくの田畑と為し産業の道にも力を尽くしたるを聞こし召しその功績を褒め給いて今回特に従三位を贈らせ給い位記を授け給う」

とある。つまり、皇陵修理や三富新田開拓の取り組みが、明治政府によって評価されたのであった。吉保は、生涯従四位下であったが、大正元年（一九一二）十二月十四日をもって従三位に昇進したのだった。

吉保の死後、百九十八年後のことである。

柳沢邸での御前裁判

元禄十年（一六九七）十一月一日、吉里の鎧着初めの儀式があった。

米倉丹後守昌尹《まさおさ》は、吉保に招かれて柳沢邸にやって来た。米倉氏の祖先は武田信玄、勝頼に仕えた甲斐の名門であった。柳沢家の先祖などよりも甲斐における格式は高かった。

その昌尹が、吉里の儀式のすべてを取り仕切っている。すべて、吉保の権勢ゆえであったろう。昌尹は、米倉家に代々伝わる「諏訪法性《すわほっしょう》の兜」を持って訪れた。この兜は、武田信玄が被っていたといわれる貴重な兜で、多分米倉家ではそれを模して作っておいたものでもあったろうか。

吉保は、武田信玄公の兜を我が家の嫡男風情に被せてよいものであろうか、と悩んだ節がある。吉保にとっては、喜びよりも畏れ多いとの思いで困惑した、というのが正しいところではなかったたか。

いずれにしても吉里にはこうした儀式を経て、十一月十四日、今度は厩橋《うまやばし》藩主・酒井雅楽頭忠挙《ただたか》の次女との婚約が整った。勿論、将軍家の許可を得てのことである。

この酒井忠挙は、徳川家康を支えた酒井忠世《ただよ》の玄孫であ

る。忠世の系統が「酒井宗家」であった。そして「雅楽頭」でも分かる通り、綱吉就任によって失脚した大老・酒井雅楽頭忠清の嫡男である。

吉保は、敢えてその忠清の嫡男の家と婚姻関係を結んだ。それは、綱吉に反抗することではなく、むしろ徳川幕閣にとっては「名門中の名門」であるから、それなりに復活を計ることが重要だと考えたからに他ならない。

綱吉もまた、将軍位に就いて十七年を過ごしており、その頃の確執は忘れかけていた。この婚約を綱吉も認めたし、むしろ言祝《ことほ》いでくれたのであった。

吉里の婚約が整った同じ日、綱吉は柳沢邸にお成りになった。

そこで珍しい出来事があった。

裁判である。綱吉の前で寺社奉行、勘定奉行、町奉行が、それぞれに訴訟を取り上げて裁判を行ったのである。いわゆる「御前裁判」である。

この様子を、正親町町子の『松蔭日記』はこんな風に記している。

「さて、その日は、あやしきあき人などやうの、ことあらそひし、あるは、人に物とられなど、をのがじゞには、しづめかねて、うたへ出るものどもめして、さんべき人々におほせて、ことはらせて、きこしめす、さるは、やうがはりて、めづらしくおぼすべし」（春の池）

（さて、その日は卑しい商人などが喧嘩をし、あるいは人に物を盗られるなど、自分では心を鎮めかねて、訴え出た者たちを召し出された。そして、然るべき人々にお命じになって、裁判をさせてそれを将軍様がお聞きになる。こんな光景はいつものお成りと変わっていてさぞかし珍しく思われることであろう）「春の池の巻」

綱吉の前には御簾《みす》を掛け、庭にそれぞれが並んで座る。井伊掃部頭直該《かもんのかみなおき》、藤堂和泉守高久、酒井侍従忠挙、その他、五人の老中と四人の若年寄、さらに寺社奉行四人、町奉行二人、勘定頭四人（奉行を含む）がそれぞれに訴訟を裁判したのであった。

裁判は全部で十五件あって、第一番は牧場の争い事、次が商人の手代の着服事件、第三が不義密通問題など十五番目の盗賊についての訴訟までが、ここで裁かれたのである。

原告も被告も裁判官もいる。しかも将軍自らがこの様子を見聞きしている。

『松蔭日記』ばかりでなく、この異例の裁判については『徳川実記』も『楽只堂年録《らくしどうねんろく》』も記している。

どうも御前裁判の目的は、奉行たちが真剣に百姓町人を裁いているのか、そのテクニックはどのようなものか、正しい裁きをしているか。こうしたことを試すためのいわゆるテストであったらしい。

この当時は、一方的に役人が裁いた。当然そこには裁判員制度などないし、一審がすべてであった。だからこそ、正しい裁判が求められると、綱吉は考えたのであろう。それが、吉保の邸にお成りになった時に初めて行われたということに、綱吉の吉保への信頼があった。

この御前裁判、あるいは公開裁判はこの後も二度行われる。

そのうち一度は同じく柳沢邸、残る一度は松平輝貞邸であった。輝貞も吉保同様に、綱吉からの信頼が篤い人物であった。

また綱吉は、裁判ばかりでなく旗本、御家人などの弓、鉄砲、乗馬の習熟度を審査する実技試験のようなものを実施したこともある。吉保が、自身を含め家臣たちに剣道を含めた武道を奨励したのはあながち間違っていなかったのである。

難事業をこなして大老格へ

さてさて、元禄十一年（一六九八）七月になると吉保は、東叡山寛永寺根本中堂《こんぽんちゅうどう》造営の総奉行を命じられ、これを恙なく竣工させた。

これまた、吉保を出世させるための綱吉の「やらせ」立った可能性は高いが、こうした難事業ともいわれることを、平然としかも期待に適ったやり方で完成させるところに、吉保の凄みがあった。

いわば「泣き」を入れないのである。やれと言われれば何でもやってみせる。これが吉保の政治家としての、そして官僚としてのスタンスであった。そのまま吉保の矜持ともいえた。

綱吉の「やらせ」と思われるのは、吉保に何事かを命じてそれをやり遂げると、その褒美として綱吉は、知行を与えたり、官位を上げたりした。

今回は、東叡山寛永寺根本中堂造営を成し遂げた褒美に、近衛少将に任じられ、しかも幕閣の席次は老中の上位とされた。つまりこれによって吉保は、側用人でありながら大老格となったのである。

大老格とは、老中ではないが老中よりも上位にいて、将軍に最も近い政治家、あるいは官僚ということになる。現代でいえば「内閣総理大臣」格で各省庁の官房長、事務次官を独り占めしたような立場であった。

すでに前年には二万石を加増されて、知行高は九万二千三十石になっていた。

頭の器量で女性を選ぶ

しかし、吉保は働きづめに働いたこともあって、元禄十一年（一六九八）には珍しく病いの床に伏せた。ほぼ一週間を休んで出仕したのだが、疲れは残った。

さらに元禄十三年（一七〇〇）には、五月下旬から八月初旬の二ヶ月半もの長い時間、吉保は病気で伏せていた。もちろん、勤めを休み静養第一にした。

この間、心配した綱吉からは四回も医師派遣と見舞いを受けている。これもまた異例のことであった。

病気を克服した吉保は、北村季吟《きぎん》から「古今集伝授」を受けた。これは吉保には念願のことであった。北村季吟は和歌・歌学の大家として知られており、子息の北村湖春《こしゅん》ともども綱吉によって歌学方として召し抱えられていた。

この北村季吟を、吉保もまた和歌の師としたのであった。季吟の影響は吉保をして和歌愛好に拍車を掛け、古今集伝授につながるとともに、やがて仙洞御所《せんとう》（霊元上皇）に自分の作品を見てもらい、その添削を依頼するほどになる。

吉保のみならず、こうした傾向は吉里にもあった。柳沢家は、正室の定子が和歌をたしなんだことに端を発していたのかも知れないが、町子、染子、さらには繁子、政子などの側室も和歌をよくした。

「弥太郎、そなたは側室を顔の器量ではなく、頭の器量で選んでいるのだな」

綱吉は吉保に対して、そう言いたかったに違いない。女を選ぶ目は、もしかしたら綱吉よりも吉保の方が上であったかも知れない。

そのことは『松蔭日記』作者の町子のみならず、染子を吉保の禅の師であった竺道雲岩に就いて参禅し、その語録を覚え書きにして自ら編集した『胡紙録』と名付けた上下巻を持っていることからも、理解出来る。

なお、吉保たちの和歌は旧堂上派といった部類に属するもので、生活の喜びや感動を詠い上げる和歌ではなく、出来る限り洗練された言葉を遣い、スマートに表現することに重きを置いた遊びの要素があった。

いわば、社交的教養の積み重ねのような和歌ともいえた。

ところで、この正親町町子について簡単に記しておこう。町子は、公卿《くげ》で学者としても知られていた正親町実豊《さねとよ》の娘である。実豊は前大納言であり、町子の異母兄が大納言公通《きんみち》卿であった。町子の母は、田中賀純という永観堂行者の娘である。とはいえ、田中家は織豊時代には歴とした武将の家系であった。

母は、江戸に下った宮中の右衛門佐局《えもんのすけのつぼね》に、その京都時代に仕えていた。局が江戸に下った後、正親町家に仕えるようになって実豊の手が付き、町子を生んだのであった。

その後、町子の母は江戸に下って右衛門佐局と往来するようになり、その筋から聡明な町子の噂が江戸城で語られるようになった。そこで、綱吉の学問奨励にも適うとして町子が江戸に招かれた後、右衛門佐局付きの女中になった。江戸城内で吉保に見染められて柳沢家に入った。

前述したように、吉保は顔の器量ではなく「頭の器量」で女性を選んだ。とはいえ、町子も染子も顔の器量も整っていたはずである。

町子は『松蔭日記』を残しているが、子どもも男児二人（経隆、時睦）を生み、さらには宮中と吉保との橋渡しの役割を担うなど吉保のためには大いに役立った。そればかりか、綱吉にとっても計り知れない役割を果たすことになる。

吉保のための京都とのパイプは、専ら町子が担った。町子が吉保のために京都との間を取り持った仕事は三つほどあった。

その第一は、綱吉の母・桂昌院の叙位（従一位）のために運動したことであった。桂昌院は元禄十五年（一七〇二）三月に従一位となり、藤原光子の名前を禁裏から賜ることになる。

第二は、吉保の趣味ともなっていた和歌に霊元上皇の添削や上覧を願ってかなえられたこと、第三は、吉保自ら執筆した『護法常応録《ごほうじょうおうろく》』に勅題や序文をもらって、著作が永遠に残り権威付けられるように計ったことなどであった。

これらはすべて、町子を可愛いと思う父親の正親町実豊と異父兄の正親町公通とのラインがあったから可能とされた。

中でも桂昌院の従一位叙位は、「およそ近年関東之事、無職之徒、当其路、万事驕慢僭越《きょうまんせんえつ》之至、言う勿《なか》れ、言う勿れ」と、ある公卿が嘆き不満を書き残していることでも分かるとおりに、吉保の実力のほどを示した事実であった。

吉保は、綱吉の政治が先代の家綱とは比べものにならないほどに朝廷と関係深く、財政的にも、政治的にも、さらには文化・学問の交流を含め、精神的にも満たされていることを巧みに利用し、さらに町子を使って、桂昌院の従一位を実現させたのであった。

吉保は、これまでの徹底した形式主義を保ってきた京都の公家たちの、その上層（天皇や上皇ら）と交流を計り、工作をして、実現に漕ぎ着けたのである。その手腕たるや見事と言わざるを得ないが、そこに不満を持つ公家の中には「万事驕慢、僭越至極」と映ったのである。

以上は、まだ先のことである。

なお、吉保が病いを得て勤めを休み、北村季吟から古今集伝授を受けたこの元禄十三年（一七〇〇）の十二月六日には水戸光圀が病死している。七十三歳の生涯であった。この日から「水戸黄門伝説」が開始されるのである。

武田家存続に貢献

『松蔭日記』は、元禄十三年にもう一つ大事なことを記している。甲斐武田氏に関する内容である。

「この頃、武田信冬（後に信興）と申し上げる御方がいらっしゃった。法性院《ほうしょういん》殿（信玄）の後裔《こうえい》であって、家柄なども高かったが、世間的には不遇であった…」

と、伝え、さらに日記は、次のように続く。

信冬は、つまらない下司《げす》奉公などは却ってしないほうがましだと思って年月を無為に送ってきた。しかし身を入れて世話をしてくれる人もいない身の上であり、次第に哀れで寂しい生活になった。住処も荒れ、食べ物にも事欠いた。

この信冬のことが吉保の耳に入った。吉保は「気の毒なことだ。私でなくては、誰もこの御方を特別にお世話出来ないであろう」と言った。そして信冬は吉保の作り上げた六義園に移り住むようになって数か月を経た。

これが『松陰日記』のその部分である。

そうしたきおとがあって吉保は、この事実を綱吉に報告し、信冬の身が立ちゆくように要請したという。綱吉は、武田の後裔とあっては棄ててもおけまい、として甲斐八代郡のうち五百石を信冬に与えた。これによって信冬は旗本寄合席に籍を置くことになったというのである。

暮れも押し詰まった十二月二十七日に、信冬は綱吉にお目見えして挨拶をした。

その後、武田家は高家となる。しかし、信冬はその職には就かず、嫡男の信安が高家衆になっている。

もし、吉保が信冬を救わなかったなら、その後の武田家があったかどうか。現代にまでつながる逸話なので、この『松陰日記』の内容は、非常に重大である。

第六章　忠臣蔵の人々

即日切腹命令の真相

元禄十四年（一七〇一）一月一日に日蝕があって元旦の恒例行事が延期された。

人々は「何事も起こらねばよいが」という不安を抱いたという。

だが、事件は三月十四日に起きてしまった。

毎年のことであるが、正月になるとまず、徳川将軍家から年賀の使者が上洛し、天皇や上皇（あるいは法皇）に年賀の辞を述べる。その後、勅使や院使が江戸に下って将軍に挨拶を返すのが吉例であった。

元禄十四年は、正月に吉良上野介義央《きらこうずけのすけよしひさ》が将軍名代として上洛し、朝廷からは勅使として前大納言・柳原資廉《すけかど》と前中納言・高野保春《やすはる》、また院使（霊元上皇）として前大納言清閑寺熙定《せいかんじひろさだ》が遣わされ、三月十一日になって到着した。

特に、この年は綱吉の母・桂昌院への従一位叙位の工作中ともあって、綱吉も吉保も勅使、院使には例年以上に気を遣っての饗応となるはずであった。

京都からの使いは、江戸に着いた翌日の三月十二日に江戸城に登った。将軍綱吉に、天皇、上皇からの賀詞を伝えた。

その日は、そのまま饗応のための能楽も城中で催された。

その勅使をもてなす饗応役に、播州赤穂藩《ばんしゅうあこう》の城主・浅野内匠頭長矩《たくみのかみながのり》が選ばれていた。長矩のこの役目は、十八年前に続いて二度目のことであった。

吉保も大老格として、また桂昌院への叙位工作の責任者として大事な立場にいた。

この忍情は、浅野長矩という大名が勅使らへの饗応役という重要な任務を担っているにもかかわらず、上司（といえるかどうかは別にしても）に斬って掛かって、挙げ句の果てに討ち損じて腹を切らされた、という馬鹿馬鹿しい事件である。

この年の饗応役は、長矩の他にもう一人、伊予吉田（伊予宇和島藩の支藩）藩主の伊達左京亮村豊《むらとよ》がいた。長矩が勅使二人を、村豊が院使をそれぞれ接待することになっていた。

ただし、饗応役には高家が指導役として付いた。この時には、高家筆頭の吉良上野介がその役にあった。高家とは、徳川幕府の儀式典礼のうち、禁裏・公家などに関する儀典を司った。

三月十四日は、綱吉、御台所・鷹司氏、桂昌院がそれぞれ勅使と院使に贈り物をすることになっていた。

江戸城の本丸に入るとすぐに大広間がある。その後ろの中庭を隔てた向こうに白書院があり、さらにその奥に黒書院があった。この三部屋が主な儀式に使われる場所であり、事件当日は大広間と白書院とが使われることになっていた。

この大広間と白書院をつないでいる大廊下を「松の廊下」と称した。片側の壁に松と千鳥の絵が描かれていたためで、廊下といっても現代の日本人が考えるような板敷きのものではない。畳敷きの豪華なものであって江戸城内では二番目に長い廊下であった。

事件はここで起きた。

この日の午前中、松の廊下で高家筆頭の吉良上野介と留守居番の梶川与惣兵衛照頼《よそべえよりてる》が打ち合わせようとしたところ、吉良の背後から「先日の遺恨、覚えたるか」という叫び声があり、いきなり太刀音強く吉良に斬り付けた者がいた。

吉良が振り向いたところを、また二太刀、三太刀、斬り付けた。吉良は、肩先と眉間とに傷を負った。吉良が流した血が松の廊下を汚した。ここが問題である。

刃傷に及んだのは、浅野長矩であった。長矩は興奮していた。長矩を抱き留めた梶川に、長矩は「上野介には、この間中の意趣があるので、殿中とは知りながら本日のこと、方々恐れ入ったことではありますが、是非に及ばず討ち果たしたのです」と語ったという。

だが刃傷の理由は、一切語られていない。

「この間の遺恨」「この間中の意趣」。どちらも同じような言葉であるが、一体遺恨とは何か。これがこの後に起きる事件のすべての始まりといえた。

長矩は近くにいた高家衆や伊達村豊らに取り押さえられ、大広間の方に連れて行かれた。

そして、長矩は「乱心ではない」とも語った。

刃傷を知った瞬間、吉保は臍《ほぞ》を噛んだに違いなかった。何しろ今年の勅使、院使の接待は意味合いが違った。桂昌院の叙位のためにも、好印象を残しておかなければならないのだ。

吉保は、綱吉の心情をも考えて、「何という馬鹿なことを。子どもでもあるまいに、遺恨、意趣とは」と、思ったであろう。

長矩は目付の部屋に連れて行かれて、梶川与惣兵衛は老中、若年寄、大目付などが列席している時計の間で、内匠頭刃傷の一部始終について尋問された。

尋問の場には、吉保はいない。老中が主導する尋問であるから、「大老格」であっても「老中ではない」吉保は評議には加わらないのである。老中の阿部正武が「その時、上野介は脇差に手を掛けたかどうか。または抜き合わせたかどうか」と尋ねた。与惣兵衛は「手を掛けもしなかった」と答えたという。

それが、刃傷の裁定の基準になった。しかも「乱心ではない」と長矩自身が語っている。

これは喧嘩ではない。喧嘩なら昔から両成敗と決まっていたが、吉良が刀にてさえ掛けてない以上は長矩の一方的な刃傷に間違いなかった。そう判断された。

「浅野内匠頭に同情の余地はない」

これが老中の考えであった。即刻、老中は吉保に報告し、さらに吉保が綱吉に見解を伺うと、怒り心頭の綱吉は「即刻切腹を申し渡せ」と命じた。

ただでさえ大事な勅使を迎えるに際してその饗応役が刀を抜いて儀式を血に染めるとは。しかも今年は意味合いが違うぞ、と綱吉の怒りはもっともであったろう。

一説には、吉良と親しかった吉保が「内匠頭の即日切腹」を主張したために、長矩は田村右京大夫邸に預けられて間もなく切腹させられた、という。

だが、これはやはり吉保を悪人に仕立て上げるための「でっち上げ説」としか言いようがない。再度言うが、吉保は幕閣の評議には加わっていないのである。老中から、意見さえ求められてはいない。

事実はやはり、吉保と同じ思い（生母・桂昌院の叙位への影響）でいた綱吉が、長矩を許せないと激昂して「即日切腹」を言い渡したものであったろう。

激昂した時の綱吉は、吉保でさえ手は着けられない。いかに冷静に理詰めで話しても綱吉には伝わらない。結局、長矩は即日切腹し、さらに赤穂浅野家は改易になり、吉良はお構いなしになった。

それよりも、と吉保は勅使、院使への対応を第一に考えたはずである。これ以上、印象を悪くしないですむにはどうしたらよいか。その対応こそが、こんな状況下で吉保に求められた最大の事案ではなかったか。

半狂乱の大名が起こってしまった刃傷などは、吉保にとってはもうどうでもよかった。ましてや、刃傷を起こした浅野長矩への罰などは、老中が決めればよいし、決められなければ綱吉の言うままにするしかなかったのである。

吉保は、綱吉の許しを得ると、式場を白書院から黒書院に代え、院使の饗応役に戸田能登守忠真《ただざね》に代えた。

この処置は後に、勅使、院使から朝廷に伝えられ、天皇、上皇ともに咄嗟の判断と恙なく残りの儀式を執り行えた事への満足を示したという。さほどに、この時点での幕閣、吉保の措置は正しく評価されているのである。

フィクションとは違う人物像

読者の皆さんは覚えているだろうか。水戸光圀について『土芥寇讎記《どかいこうしゅうき》』という書物が厳しく報告していたことを。

この報告書は、幕府の隠密が元禄三年（1690）前後に作成した全国二百三十四人の大名について、その日常や人間性などを詳しく綴っている。

当然、播州赤穂・浅野藩についても触れていた。『土芥寇讎記』の報告者は、冷静な観察者である。そこには、作為も何もなく、ただありのままを報告しているに過ぎない。それだけに、大名家の真実の姿が炙り出されている。

赤穂五万三千石の内情についても「新田開発や雑収入などで二万八千石の上乗せは出来る。領民からの年貢は、少ないところで五割、多くければ七割八分、平均すれば六割」という。この時期の税金として、六公四民はかなり高いほうである。

そこで、人間長矩についての項目。驚いたことに「無類の女好き」とある。

「智があって利発だが、女色を好むこと切である。故に奸曲の諂い者が、主君（長矩）の好むところに従って、色よき婦人を捜し求め、お側に差し出すような輩が立身出世している」

あらら。これでは、映画やテレビの『忠臣蔵』に描かれた浅野内匠とは違いすぎないか。これでは名君ではなく、完全なる暗君ではないか。

実態はまだ続く。

「（長矩は）そうした女の縁者などを高禄で扱い、本人は昼夜閨房にあって女と戯れ、御政道は幼少時から成長した今に至るまで、家老ら（大石内蔵助や藤井又左衛門などのこと）に任せたきりである」

これではさらに、あらら、である。長矩は、いい女と見るとベッドに引き込み、朝から晩まで愛欲まみれの生活。赤穂の治世は、家老に任せたままであるというのだから。

ところが、その大石についても『土芥寇讎記』は、手厳しく書いている。

「だから長矩の人物評価は出来ない。文武についての話もない。淫乱無道は国を滅ぼす前兆ではないか。大石らの政道の仕置きも心許ない。若い主君が色に溺れているのに、どうして大石らはそれを諌めもせずに黙認しているのか。それこそ彼らが不忠の臣である証拠だ」

あの大石を、忠臣大石を「不忠の臣」と報告者は切り捨てているのである。そして、極め付けは、次の文章である。

「この家は近いうちに改易になるのではないか、という噂さえ領内にあるほどだ」

なあんだ、赤穂浅野家は潰れるべくして潰れたのか、と思いたくなってくるのである。真実とつくりものの差異は大き過ぎる。これが、赤穂浅野藩への実感である。

ところで吉良上野介義央である。先祖は足利義康である。世が世であれば徳川家などの上に君臨する家柄だ。義康は、清和天皇の第六皇子の後裔。その孫・義氏の時代に三河守護となった。幡豆郡吉良に住んでから、苗字を吉良とした。

その後、家が二分するなどここにも波瀾万丈があって、吉良家は戦国時代に徳川家康の配下になった。

義央は、寛永十八年（一六四一）に江戸で生まれた。母方の実家は酒井家であった。義央は、父とともに皇室に働きかけて後西天皇から霊元天皇への譲位を成功させている。そうした功績から二十三歳で従四位上という位を授かっている。

三河の幡豆郡を中心にして四千二百石の領地を持つ。

義央の妻は、上杉家から来た。妻の富子は一歳年長だが、富子が眉目秀麗であった義央に惚れて、嫁に来たと伝えられている。いずれにしても義央は上杉家という名門とのつながりも出来た。

吉良の領地では、矢作川の洪水を避けるための堤防を築いたり、新田開発も行い、その一部を利用して「饗庭塩《あえば》」という良質の塩が採れるようになって、領民からは「名君」と讃えられている。

その意味では、浅野長矩とは全く対極にいるような人物であった。やはりまた、事実と虚構の間にある落差を知らされる。

仇討ちへ追い込まれる

大石内蔵助は、赤穂城を無事に明け渡したが、籠城だの殉死だのと騒いだ元藩士たちを宥める役割が残っていた。とにかく、長矩の弟である浅野大学長広を立てて浅野家再興を幕府に願い出ることから始めた。

元藩士たちは、誓約書とも連判状ともいえるものがあるともいわれている。本当かどうかは不明だが。いずれにしても大石は、自分を含めて再就職しなければならないと考えている。そのためにも浅野大学でのお家再興は、重要なテーマであった。

大石は、その再興願いを三度も幕府に出している。だが、幕府はこれを拒否した。受け入れていれば、吉良邸討ち入りなどはなかった、と考えるのは「歴史のイフ（もしも）」である。

大石が再興を願うターゲットの中に、吉保もいた。

大石は赤穂の遠林寺住職を江戸に送った。この寺は真言宗であり、その縁を頼っていた。というのは、江戸の真言宗総本山は例の「隆光」がいる護持院であったからだ。

さらに大石は、吉保への働きかけを考えた。この時点で吉保が綱吉の側近ナンバーワンであることは、当然大石も知っている。住職に送った手紙で大石は、

「柳沢様へのお手筋は、これあるまじく候や」

と書いている。吉保への伝手がほとんどないが何とかして欲しい、という気持ちに溢れている。住職は、吉保の用人などに手づるを求めたようであった。

ところが、こうした大石側の資料に対して、吉保はこの「忠臣蔵事件」では、ほとんど自らの考えを語っていないし、文章などにも残していない。

『松陰日記』にも一切記されていないし、吉保の手になる『楽只堂年録』などにも、断片的な事実の記載はあるものの、詳細はほとんど書かれていないのである。

だから、憶測でしか測れないが、吉保も老中や若年寄からの情報によってある程度、大石らの行動を把握していたと思われる。

だが、だからといって吉保が、何らかの行動に出たとも思われない。何故ならば、この事件は幕閣にとっては「終わった事件」であったはずだからである。

実際には、徐々に大石は追い詰められてきた。急進派といわれる元藩士たちにである。中でも江戸表にいる堀部安兵衛武庸《たけつね》などは、大声で「仇討ち」を叫ぶ。何しろ、安兵衛は、仇討ちを売り物のようにしてきた人物であった。まだ「中山」姓であった頃、江戸高田馬場で「十八人切り」とかいう「仇討ち」をやり、そのお陰で浅野藩の「堀内弥兵衛《やへえ》」なる藩士に見込まれて婿入りした男であった。

事実は、知人の果たし合いに助太刀をした、だけのことであったがこれが「高田馬場の仇討ち」と喧伝された。江戸の町人たちはとにかく「仇討ち」が好きだった。というよりも、暇をもてあましていて、その解消法が噂話や、仇討ち話であったというのが正しい。

十一月になると大石が江戸に入った。これはお家再興と

長矩の墓参が目的であった。しかし、江戸にいる堀部などの「同志」は大石の江戸入りを、吉良を討つための協議にすり替えようとした。

大石は、しかしあくまでもお家再興が最高の選択と思っている。

十二月、吉良は隠居を願い出て許された。吉良の子の綱憲《つなのり》が、上杉家を継いでいる。そして吉良家には、綱憲の子の左兵衛義周《さひょうえいよしちか》が養子に入っているという複雑な事情を抱えていた。

義央の後は、その義周が継いだ。高家を辞した者が呉服橋内の屋敷にいるのは畏れ多いから、と屋敷替えを願った義央に対して許可が下りた。

その新しい屋敷地は、本所一つ目の旗本・近藤登之助の屋敷跡とされた。本所といえば、両国橋によって大川を隔てている。呉服橋なら「内郭」で江戸城にも近いが、本所なら「外郭」でさえない。むしろ本所は江戸の外である。

この措置が、大石などの心理に影響した。

年が明けて元禄十五年（一七〇二）、大石の同志は百三十人に達している。同志は、堀部たちのように「主君の仇を討つ」という者ばかりではない。連判状には、お家が再興されたなら復帰したいという、再就職希望者たちで満ちたのだった。

ところが七月になると、浅野大学は三千石の知行を没収されて浅野本家である広島藩に永のお預けと決定した。お家再興の夢は途絶えたといえよう。

百三十人にも膨れ上がっていた「同志」の中から脱落者が出始めた。何しろ、番頭で千石も取っていた奥野将監《しょうげん》という大石の腹心まで去っていった。再就職が実現しないという現実が辛かったのであろう。

大石は、京都といっても山科の閑居で過ごしていた。若い頃から主君長矩以上の好色漢といわれた大石である。山科では、徹底的に女を買い漁り、「かる」という名の若い娘まで妾にした。

考えてみれば、大石という男は、主君の仇を討つなどという大それた事をせずに、こうして飄々《ひょうひょう》と好きなことをして生きていたかったに違いない。もし、長矩があのような刃傷を起こさずにいれば、藩の財政は経理担当家老の大野九郎兵衛《くろべえ》に委ねて、自分は赤穂でのんびりと生きることが出来たのものを。

大石は、そんなことさえ考えたのではないか。それが、日毎に「吉良を討つ」という方向に向かっている。浅野大学の知行没収、広島本家お預けという幕府の処分は、大石をして

「討ち入り」しかない場所に追い込んでしまった。

吉保がこの決定に参画していたかどうか。資料は何も語らない。しかし、大老格とあれば、老中などが決した方針の報告くらいは受けたであろう。そうなれば、大石らを追い込むことになるくらい、分からない吉保ではなかったはずである。

ここにも大きな謎が残る。だから、吉良邸への討ち入りを吉保らが黙認した、などという無責任な説さえ出て来るのである。

ところで京都の大石である。同志の欠落は、櫛の歯が欠けるように続いていた。

「こんな櫛を誰が使えるというのだろう」と大石は思ったであろう。折しも、十八歳のまだ少年といった方がよいくらいの「同志」が、大坂の曾根崎新地で「おはつ」という遊女と心中したという知らせが来た。

追い打ちを掛けるように、矢頭《やとう》長助という小者が逐電した。知らせに来たのは長助の長男で、右衛門七《えもしち》といった。まだ十六歳。大石の倅の主税《ちから》と同じ年齢であった。

大石は、右衛門七にもこう言いたかったのではないか。

「もう、これ以上、亡くなった主君に尽くそうとすることなどは必要なあるまい。すべて主君長矩様の責任で起きたことではなかったか」

そのとおりであろう。赤穂五万三千石の下には、多くの家臣とその家族がいた。その生活も幸せも、一瞬のうちに主君の短気によって失ってしまったのである。

「俺だって犠牲者だ」。大石はそう叫びたかったのではないか。

だが、そうした心とは別に、否応なく大石は討ち入りに向かって歩かざるを得ない。この時期になると、世間も「討ち入り」を噂するようになっていた。噂が先行し、事実が後からついていく。こんな形で、大石らの企ては進んだ。

十月七日、大石は同志五人を引き連れて江戸に向かった。川崎に着いたのが十月二十六日。そこで、田中貞四郎、高田郡兵衛ら江戸急進派の中からも落伍者が出たことを知らされた。だが、ここまで来たらもう引き返せない。

江戸に入っていた同志たちは、吉良邸を窺《うかが》った。その結果、吉良邸には常時武士が五十人以上、さらに足軽小者まで含めて百四十から百五十人が常駐して警戒しているという。吉良側にも大石らの企ては伝わっていたものとみえる。

問題は、討ち入りの日であった。大石は、十二月六日に吉良邸で茶会が有ることを突き止めた。茶会があるというのなら、吉良本人は必ず屋敷にいるはずであった。

このところ、吉良は時々息子のいる上杉邸に足を運んでいるとの情報もあったから、大石は慎重にならざるを得なかった。

「討ち入ったはいいが、目指す仇が不在であった」では、単なる物盗りと変わらぬ扱いをされよう。それが大石の痛いところであった。

茶会があるなら、その晩は必ず吉良は屋敷にいる、ということから、六日の深夜に討ち入ることにした。しかし、その茶会が流れた。

次の情報は、十四日の茶会であった。「十四日こそ」と大石は決意を新たにした。

十三日に雪が降った。十四日は茶会で、吉良邸には多くの客が押し掛けたという。その中に吉保はいない。もう少し以前ならば、吉保が招かれた可能性はあったろうが、大老格の人間が、高家を隠退した者の主宰する茶会に出るはずもない。

十四日は、雪も止み、その晩は有明の月であったという。さぞや、月に残雪が照り生えていたことであろう。

総勢四十七人(四十六人ともいう)が、吉良邸の表門、裏門に達したのは午前三時を回った頃であろうか。

赤穂浪士の装束は、だんだら染めの火事場装束であったと誰もが思い込んでいる。これは間違い。歌舞伎や映画の影響がそのまま残っているためだ。

実際には、各自不揃いの服装であった。ただ、戦闘を意識して股引、脚絆、黒の小袖には鎖や針金を仕込んであった。浪士側に死者はなく、負傷者も少なかったのはこの鎖などの着込みによる。

さらに浪士たちは、袖には白い晒し布を付けてそれに銘々が名前を書き込んだ。頭巾も不揃い、足には草鞋《わらじ》。

歌舞伎の『仮名手本忠臣蔵』では、大石の場合「金襴の裏を詰めた鎖の着込みに、黒羽二重の小袖、黒羅紗の羽織。袴は浮放しの裁付《たつつけ》、兜頭巾を着け、袖印には金の短冊、表に名前を、裏には『元禄十四年十二月十四日討死』」と書いた。

他の浪士たちも、ほぼこれと同じ恰好とされた。

このイメージが、その後も庶民には刷り込まれて、映画でもテレビドラマでも装束は踏襲していったのである。

ほぼ午前四時から始まった吉良邸の戦闘は、一時間後には終わった。

それでも吉良義央は見つからない。

大石も、他の浪士も焦り始めた。その時、物置小屋に人がいるのを見付け、槍を繰り出すと手応えがあった。引きずり出すとそれが吉良であった。

これもどうやら違っているらしい。

上杉家家臣である大熊弥一右衛門の報告書『大河原文書』によると、

「上野介様にては、三尺手拭い帯にて刀を持ち、方々へ逃げ歩き、台所にて首を討ち取られ、御胸の通りは、一太刀ずつ斬り付け候由、後に残命なる者ども、上野介、御座敷御玄関上り口の脇の座敷の鳥井が死骸と置き換え候様子の由」

とある。つまり吉良上野介は三尺の手拭い帯で刀を持ち、方々へ逃げ歩いたが、台所で首を討ち取られた。胸元にひと太刀ずつ斬り付けられた痕があった。しかし、生き残った吉良家の者が後で上野介の首のない死体を、玄関の上がり口の脇の座敷にあった鳥井理右衛門の死骸と置き換えた、というものである。

この事実は、吉保にも報告されている。

吉保は「高家筆頭・吉良ともあろう者が台所で討ち取られたというのでは外聞が悪かろう。ということで、生き残った家臣が玄関口で討ち死にを遂げた鳥井某の死体と置き換えたのであろう」と、理解した。

歌舞伎や映画では、物置小屋から炭小屋に置き換えられている。あくまでも吉良を悪人に仕立てる考えでもあろうが、台所で討ち取られたというのが真実であろう。

浪士関係の資料によると、吉良側の討ち死に十七人、負傷二十人に対して、浪士側は深手を負った者はなく、軽傷五人ほどであった、とされる。

しかし同じ『大河原文書』では、「手負いども、駕籠に乗せ帰り候」と書いている。つまり浪士側にも籠に乗せなければ歩けないほどの重傷を負った者もいた、ということである。さほどに後世の「つくりもの」と現実とは違っているのである。

赤穂浪士の処遇を巡って

浪士たちは、高輪の泉岳寺に引き上げた。その途中、大石は吉田忠左衛門ら二人を大目付の仙石伯耆守久尚《せんごくほうきのかみひさなお》の屋敷に遣って、討ち入りの一部始終を報告させた。

大目付から、若年寄、老中に報告があった。さらに報告は吉保に上がり、吉保は思案の結果、そのまま綱吉に報告したようである。

思案の末というのは、吉保は浪士の行動に疑問を持ったからではなかったか。

「何故、泉岳寺で主君の墓を前に一同で切腹して果てなかったのか」

この一事が、吉保の理解出来ない大石の行動であったろう。まさか再就職運動を、大石らが考えていた訳でもあるまいと、吉保は思ったに違いなかった。

ちょうど三十年前の寛文十二年（一六七二）二月に、江戸浄瑠璃坂で行われた仇討ち事件があった。

それは、下野宇都宮藩奥平家の家臣・奥平内蔵助允と奥平隼人が口論となり、内蔵允は切腹して果てた。内蔵允の倅である奥平源八が、出奔した隼人を追って仇討ちの旅に出て、江戸浄瑠璃坂で隼人の居場所を探し当てた。源八には三十数人の助太刀、隼人も二十人近い助太刀があって、双方が激突した。

その結果、源八は隼人を討ち取った。源八らは大島に島流しとなったが、六年後に赦免されて、井伊家に召し抱えられて彦根藩士となった。つまり、源八らは処罰されたが殺されることなく、最後には再就職を果たしているのである。

大石の頭の中に、浄瑠璃坂の仇討ちの結果があったかどうか。こうした結果を赤穂浪士たちが計算に入れていたかどうか。それは不明である。

老中・若年寄は評議を開き、取り敢えず浪士四十七人の処分を話し合った。だが綱吉は吉保に「細川綱利、松平定直、毛利綱元、水野忠之の四家に預けよ」と命じた。

その後も、幕閣では浪士の処分について様々な意見が交わされた。

四家にお預けになった浪士たちの処分は、討ち入りへの快哉《かいさい》と重なって、天下の耳目を集めていた。

老中が結論に達するまでには、浪士擁護派と法令違反派とに分かれてかなり細かい討議が重ねられた。

「右の輩（浪士たち）は仇討ちの宿意これあり候とて、或いは町人または日雇い人足の姿に身をやつし殊さら深更に人家へ忍び込み候次第、武士道にあるまじき致し方に候えば、全員斬罪の処分しかるべし」

深夜に他人の家に忍び込んで人を殺した夜盗と変わらない振る舞いであるから、全員打ち首とする。これが老中の結論であり、吉保を通して綱吉に報告された。

確かに、大石らの行為は「主君の恨みを晴らした」という観点を持てば、武士道であり義挙であったかも知れない。しかし、江戸城で勅使下向という大事な行事を前に、その担当者が責任を放棄して刃傷という大罪に及んだことも間違いない。これは、喧嘩沙汰ではなく私憤から出たものであった。

誰が悪いといっても浅野長矩が最も悪い。吉良にとっては災難であり、喧嘩ではない。ところが、大石らは「喧嘩両成敗であって、吉良も処罰すべきである」という。こんな理屈は通るまい。「討ち入りを義挙、快挙」と位置付けながらも、これが老中の結論の基本的な考え方であった。

そのうえ、綱吉は吉保が献策した「皇陵修理」にも積極的に応じるほどの、勤王家である。正月の勅使下向という大事な儀式を血で汚した浅野の行為こそ許せぬのに、皇室への不敬を犯した者の遺族ともいえる者たちが「徒党を組んで、元高家筆頭の屋敷に深夜、討ち入った行為」は、極刑に値する。

綱吉が老中の評決結果を、そのまま受け入れる可能性は高かった。

もっとも、綱吉は浪士たちを赦免したかった、という説もあるにはあるが、その辺りがもう一つ資料にないので不明のままである。

打首から切腹へ変更

いずれにしても、このままだと浪士たちは全員打ち首となる。吉保は、大老格として「異議」を申し立てている。

吉保が綱吉に対して一途に忠勤を励む人物であることは確かである。自分を登用してくれた綱吉が言うことに、すべて賛同して、そのゆえに世人がうらやむほどの出世をしたとも思われている。

事実、その側面はあったに違いない。だが、吉保は「綱吉への偉大なるイエスマン」ではなかった。それが、この「忠臣蔵事件」での吉保の綱吉への直言にみられる。

つまり吉保の出世は、綱吉への阿諛追従に走ったからではなく、綱吉自身が吉保の実直さや律義さを認めたからに他ならなかったのである。短気で、しかもある意味では偏屈さをその気質に共有している綱吉に、思ったことをズバリと言える存在は、この時点では吉保しかなかった。

「赤穂浪士の処分」という重大な決定に当たって「正しく筋目を通す」意見を吉保は用意したのであった。

老中の決定と綱吉の意向を知った吉保は「甚だしく嘆かわしくお思い召され、差し当たって先例の拠り所もこれなきゆえそのまま差し置いて（『荻生徂徠文書』）城を下がった。そして、邸に戻るや、すぐに儒臣である荻生徂徠や志村三左衛門の二人を召して、評議結果について尋ねた。

すると志村は「前例がないことで、何とも判断致しかねます」と答えたが、徂徠は以下のように断じたという。

「さてさて、御評議の衆は些末のことのみにこだわりなされ、肝要のことにお気付き遊ばさぬように存じ申す。すべて物事は些末に頓着せず、大要を捉えるのが聖人の教えに候。当節、忠孝を御政道の第一にお置き遊ばされているのに、赤穂浪士の御成敗を盗賊のお裁きとは、さりとは情無き次第と存じ候。忠孝を心掛けていたしものを盗賊扱い遊ばすのが例になり候ては、向後、不義不忠のもののお裁きをどう遊ばす御存念か」

義士と盗賊とを一緒くたにするな、というのである。徂徠の意見は、さらに肝腎な処罰にも及んでいる。

「ここは切腹を申し付けられてこそ、まずもって肝要かと存じ候。さすれば我らの宿意も立ち、面目も立ち、いかばかりか世人への示しともなることでございましょう」

吉保は、この徂徠の意見に大きく頷いたはずである。我が意を得たり、というところであったろう。

すでに、この時点で細井広沢は柳沢家を致仕していたが、吉保は荻生徂徠や細井広沢などこうした先見の明ある、しかも吉保をしっかり支える家臣を持っていたことも、その出世の一端にあった。

こうした家臣たちを抱えることが出来た吉保自身の資質にもよる。しかも、徂徠などは、江戸の裏長屋に住む一介の学者で、しかも赤貧洗うが如く、近所の豆腐屋からおからをもらって飢えを凌いでいたとまでいわれている。そのような徂徠の人物と識見とを認めて取り立て、遂には五百石に取り立てて徳川時代を代表する学者の地位に置いたのも、吉保のこれまた見識である。

「賢君のもとに、賢臣あり」であった。

徂徠の意見をもっとも、とした吉保は、記録によると翌日はいつもより一時間早く登城している。綱吉に会って、浪士たちを「義士」と呼んで徂徠の意見を開陳したという。

討入りの是非はともかく、武士らしく主君の恨みを晴らしたので、彼らには武士としての扱いをせねばならない。それは切腹である。

綱吉の腹は斬首で固まっていたのだが、こんな風に述べる吉保に対して、考えを変えたといわれる。忠孝の論理や義士という言葉まで持ち出されては、綱吉も吉保に頷かざるを得なかったのであろう。綱吉は、怒り出すどころか、吉保の言葉に頷いたという。

「忠孝」「義士」などの言葉は、綱吉のような人間には快く聞こえたはずであり、吉保の作戦勝ちといったところではなかったか。

この際に、徂徠が記した義士に関する論考が残されている。

「義は己を潔するの道にして、法は天下の規矩なり。礼を以て心を制し、義を以て事を制す。今四十六士その主の為に讐を報ずるは、これ侍たる者の恥を知るなり。己を潔くする道にして、その事は義なりと雖も、その党に限る事なかれ。畢竟《ひっきょう》は私の論なり（略）。侍の礼を以て切腹に処せらるるものならば、上杉家の願いも空しからずして、彼らが忠義を軽んぜらるの道理、尤《もっと》も公論と云ふべし。若し私論を以て公論を害せば、此の以後天下の法は立つべからず」

この論考の大意は「忠義とは自らを潔くする道であり、法は天下の決まり事である。心は礼によって、事は義によって抑制しなければならない。四十六人の義士が主君の為に仇を討ったのは武士としての恥を知り、自らを潔くする忠義に見えるが、実はそうではなく、その行為はその徒党に限られたことであって私事である。もともと、その原因は浅野が殿中であることを憚らぬ行為によって処断されたことにある。これを不服として公儀の許しもなく吉良を討ったのは、法の許すところではない。今、四十六人の罪を決し、武士道に則って切腹申し付けるならば、上杉家を納得し、四十六士の忠義もも認めたことになる。公論よりも私論を優先すれば、今後天下の法は権威を失う」というものである。

これまでの浪士の行動を忠義の名の下に「無罪」もしくは「助命」とする論拠も、徂徠の論考の前には空しく見えたのか、綱吉は明確に浪士処分を命じた。

そこで「御評議俄《にわか》に変わり」と記録にある通り、浪士四十六人に対して切腹。大石の倅など十五歳に満たない浪士の子どもたちは遠島、という処分が発表された。

「何故、義士ならば命を助けてやらなかったのか」という疑問がある。当時も、「天晴れ忠臣たちを殺すことなく、命を助け、仕官を望む者があれば当家で仕官させたい」と、申し入れる大名家もあった。

だが、吉保はこれを否定しているのである。「義士であっても天下の大罪を犯したは事実。武士らしく切腹させることこそ、その義士としての面目を立てることに他ならない」ということらしい。

同時に、吉良への処分も決定した。吉良家の領地没収、吉良左兵衛義周は諏訪高島藩の諏訪忠虎にお預けという処分が下されたのである。つまり、吉良家は取り潰しとなった。

切腹の内示があったのは、元禄十六年（一七〇三）二月三日のことであった。切腹は翌日の四日。

吉保は、密かに憂いていたことがあったという。それは、赤穂義士の中には少年、青年のような若い者もいた。こうした人々が、このまま大人になって「義士」としての人生を全うできるであろうか、という疑問であった。

間違って、「義士」の名前に泥を塗る可能性もないではない。ならば、切腹という名誉を与え、義士の名前を後世に残す方が本人たちのためにも、徳川幕府、ひいては綱吉の治世のためにもなるのではないか。これが吉保なりの「恩情」であったろう。

柳沢家の記録にも「義士をあくまでも悠久の大義に活かす」と記されている。

吉保はこれまでの功績を認めて柳沢の姓と名前の一字を与えた曽禰権太夫父子（改姓後は、柳沢保格、保誠となった）にも、そういう意味のことを以下のように伝えている。

「幕府は、結局のところ武家政体である。武家政体とは覇道に基づく。皇室や天皇が政務を担当する場合にのみ王道という言い方が出来よう。ゆえに、徳川家康公以来の幕府の政体は覇道に基づく。それ以前の武家政体はすべて覇道であった。それが歴史の流れであった。だからこそ将軍家が極端な勤王家であったら、幕府は成り立たない。先年亡くなられた水戸様（光圀）のように、幕府よりも皇室が大事というような考え方を、徳川幕府の人間は決してやってはならない。そこで、此度の忠臣蔵の一件である。我らは、思慮あればこそ、間接的にも将軍家（綱吉）の勤王思想を和らげるためにも、赤穂浪士らの討ち入りを認めて、武士の鑑なりと称賛する必要があった。そうすることで、浅野長矩が勅使下向に際して取った行動を不敬罪から救い、吉良家を取り潰すことで、浅野の不敬をさらに矮小化する必要があった、ということである」

吉保にしてみれば、吉良家を潰すことはないと思ったであろうが、大石らの行動を認めるためには、浅野長矩の刃傷を不敬罪から救わねばならなかった。そこで、吉良が悪人に仕立て上げられなければならなくなった。

これが、忠臣蔵の真相であろう。

ねじ曲げられた忠臣蔵

義士が切腹して果てた十二日後の二月十六日、江戸堺町の中村座で『曙曾我夜討』という芝居が上演された。忠臣蔵事件を採り入れた演目であったが、三日間で上演禁止とされた。

その後、四年を経た宝永三年（一七〇六）十月、近松門左衛門の浄瑠璃『碁盤太平記』が大阪の竹本座で上演され、好評を博した。この戯作で初めて「大星由良之介」に名を変えた大石内蔵助らしい人物、高師直《こうのもろなお》という名の吉良上野介らしい人物、塩冶判官《えんや》という名前の浅野内匠頭らしい人物が登場している。『太平記』の世界に名を借りた忠臣蔵の劇化であった。

その後もさまざまな「忠臣蔵」芝居が上演されたが、事件後四十七年目に当たる寛延元年（一七四八）に、大阪の嵐三五郎座で竹田出雲、三好松洛《しょうらく》、並木宗輔の脚本合作による『仮名手本忠臣蔵』が上演された。

この芝居は大当たりした。折から討ち入り四十七年目という節目の年であったことも大ヒットの原因であった。これより後、討ち入り、赤穂浪士といえばこの『仮名手本忠臣蔵』をいうようになった。そして上演される度に、その時々の名優の演技と相俟って、忠臣蔵劇の典型になった。

これが、さらに映画やテレビドラマの基本になっていることも見逃せない。こうして、吉良上野介は徹底的に悪人に仕立て上げられ、浅野内匠頭は穏和な名君で、大石内蔵助は冷静沈着で剛健な人間として描かれるようになる。

長矩の吉良への刃傷の真相は、闇のまま葬られた。

その延長上に、浅野処分（即日切腹）と浪士切腹を命じた人物として吉保がクローズアップされ、それさえも「かずかずの謎」に仕立て上げられた。

「忠臣蔵は柳沢が仕組んだ」などという、荒唐無稽な小説まで登場する羽目になる。

吉保こそが冷静沈着に、すべてを処理し、徳川家と皇室に傷が付かないように配慮したことが、そうした荒唐無稽さにつながっていくことに苦笑を禁じ得ない。「義士」にとって吉保は、むしろ恩人といえる立場にさえあろう。

さらに忠臣蔵関係者について記しておきたい。

宝永六年（一七〇九）一月十日に綱吉が薨去すると、その年の七月の法要に恩赦が行われた。忠臣蔵事件の関係者にも特赦があった。

島流しにされた遺児たちは、すべて処分を許されて無罪放免となった。

広島藩にお預けになっていた浅野大学は、許されて江戸に戻った。九月には五百石の知行地をもらって旗本寄合衆となった。知行は三千石から減少したが、長矩の浅野家は再興されたことになる。

吉保のこの「忠臣蔵事件」への態度をみても、ただただ綱吉の気に入ることをした人間ではなく、幕府としての筋目を通す人であったことが分かる。

ただし、吉保がさまざまな政治ごとなどをメモした『楽只堂年録』には、赤穂義士切腹のこの日（元禄十六年二月四日）のことを、極めて事務的に「四十六人残らず切腹を仰せ付けられた」と書かれただけである。

吉保にとって、忠臣蔵事件とは数ある政治的事件の一つに過ぎなかった。だが、大石内蔵助のやったことに対しては、ある感慨を持ったに違いなかった。それは、

「宮仕えする者（サラリーマン）は、仕えるべき主人を間違ってはいけない。また家臣たる者、主人の失政をきちんと補佐しなければいけない。大石が家老としてきちんと浅野を教育していれば、そして糺すべきを糺していれば、浅野もあのような人間性を持たず、間違いも犯さなかったであろう。大石も、あのような最後ではなく、平凡な一生を終えられたはずだし、十六、七歳の若い命を散らさずにすんだであろう」

というようなものではなかったか。

しかし、一つ間違えば、吉保自身の身にも降り掛かったかも知れない「大石の身の上」でもあった。それも吉保には、他山の石とすべきことであったろう。

第七章　負け組の悲願、甲府城主に

松平の称号を授かる

「(御所には) さて、おましにつかせ給ひて、れいのことぶきおはりて、あるじめさせ給ひ、松平の御称号、ならびに御いみなの一字を給はり、御一ぞくのごとくに、おぼしめすなり、といふことをぞのたまはせ給ふ」(こだかき松)

(さて将軍様は、御座にお着きになって、いつものように祝辞を終わって、吉保の君をお召しになった。それから「松平」の御称号並びに御諱名の一字を授けられて「一族のように思う次第である」とお告げになられた)「小高き松」の巻

正親町町子の『松蔭日記』は、その日(元禄十四年十一月二十六日)のことをこんな風に淡々と、それでいながら、裡《うち》には弾む心を抑えているような見事な筆致で綴っている。

時間軸を、忠臣蔵事件の一部始終からもう一度、その元禄十四年に戻す。

この年の十一月十五日に、十五歳になった嫡男の吉里が元服している。正しくは、この時点での名前は「安貞(安暉)」であった。

元服の式を終えた吉里は吉保に伴われて江戸城に伺候した。綱吉への献上品を贈り、逆に綱吉から来国俊の刀、相州広光の脇差など賜り物を受けた。

その十一日後、恐らく吉保が生きてきて最も驚かされた事柄が起きるのである。十一月二十六日、綱吉が柳沢邸に臨んだお成りの、その日である。

綱吉は、吉保に「松平」の称号(苗字)を与えた。その理由を綱吉は、吉保の父・安忠は自分の幼い時から数十年間よく奉仕した。それに吉保も若年より奉仕し、且つ学問の弟子となって以後も万端自分の意に適い、勤務頗る実直している。だから勤士の者の模範とするために松平の称号を授け、自分の名前の一字を与える。今後は、親族の心づもりでいるからそのように思え、と述べたという。

松平の称号を与えられたのは、吉保だけでなかった。吉里(安貞)にも、その異母弟である安通、信豊も賜ったのである。

こうして吉保は、それまでの「柳沢出羽守保明」から「松平美濃守吉保」となった。そして吉里は、「柳沢安貞」から

「柳沢伊勢守吉里」となった。

この日に言い渡された称号と諱《いみな》の件は、後に幕閣の評議を経て正式に書類として柳沢家に与えられている。

吉保が松平の称号を授かった祝いとして、綱吉の愛妾（徳松、鶴姫の母）である五の丸（お伝の方）から和歌が届けられた。

幾千度《ちたび》　花もつかなん　今年より
　こ高く茂る　宿の松かえ

恐らく、町子が『松蔭日記』の第十二巻を「こだかき松」としたのは、この祝歌によるものであったろう。それほどに、町子も心の中は華やいでいたのである。だが、抑えた筆致でこの事実だけを淡々と書き記すあたりは、やはり町子という女性からはただ者ではない印象を与えられる。

なお、吉保が「美濃守」を名乗ることになったために、それまで「美濃守」を称していた武士がいずれもそれぞれの称を改めたという。その数は十一人にも及んだ。

この一事を見ても、吉保の権勢がいよいよ本物になってきたことが窺われる。

賄賂禁止を願い出る

だからといって、吉保が慢心し傲慢《ごうまん》になってきた訳ではない。

こんなエピソードも残されている。

ある日のこと。綱吉が食べるご飯の中に小石が一つ混じっていたという事件があった。もちろん、綱吉が食する前に判明した。

というのも、御膳番の小納戸役三人がいつも行う毒味の結果であった。

老中まで伝える話ではないが、料理番は当然呼び出される。その詰問中に、吉保がこれを聞き付けた。

その場に駆け付けた吉保は、黙って箸を取り「白米にはややもすれば籾《もみ》が混じっているものじゃ」と呟いた。それから、その小石を箸に挟むとさりげなく庭に棄ててしまった。

このために、小納戸役もそれ以上、料理番を追求せず無事に一件は落着した。

これは、小石一つという、全く防ぐことが不可能な事件で罪を蒙る者が多く出ては気の毒という吉保の考えが、如実に表された処置である。周囲の者は、咄嗟の機転と温情とに言葉もなかった、と伝えられている。

また、吉保というと、あたかも賄賂の根元のようにいわれている。

これも全く根拠のない話であって、逆に吉保は賄賂を受け付けなかった。

綱吉は、それが「癖」のように、人に物を与えるのが好きだった。吉保もその「癖」に浴しているが、吉保は一度財政上の理由を付けてこの「癖」を止めさせようとした。だが、綱吉はそれを止めようとはしなかった。「自分の少ない楽しみの一つである」というのが理由であった。やはり「癖」なのである。

吉保の権勢を知った旗本、大名などが取り入ろうとして贈り物をすることはあった。綱吉からの贈り物に対して、同等かそれ以上の物を返礼しなければならない。そのお金だけでも大変な嵩《かさ》になる。

ましてや、旗本、大名などからの贈り物など受け取ったら、いくら金があっても足りない。

もっとも、江戸時代の賄賂というのは、普通の「賄賂」とは別の一面があった。それは、幕府の大名政策の一環で、特に外様の大名たちから多くの金品を召し上げて疲弊させようという性格を持っていたのが「賄賂」であったからだ。

しかし、吉保が大老格となったこの時代には、そうした考えはもう古いものになろうとしていた。それよりも賄賂を贈ることで「権門」に近づこうという現実的な武士が、むしろ増えてきていたことは確かであったろう。

吉保などは、表面上はそうした武士たちの一種憧れ的な存在であったのではないか。

だが吉保は、『源公実録』という書物によると、柳沢家の用人であった平岡宇右衛門、藪田五郎右衛門などにはこう言い含めていたという。

「外部（旗本、大名など）からの招待は一切拒否せよ。特に賄賂と思われるような金品の授受には注意をするように」

その後も吉保は、無理をして贈り物をする風習を排除するように再三、老中にも申し入れている。その申し入れが綱吉と老中によって受け入れられ、諸大名の贈り物、呈書を廃止するのは、宝永二年（一七〇五）のことである。

朝廷との友好関係

元禄十五年（一七〇二）三月、前年に勅使下向の際に「浅野の刃傷事件」があったにもかかわらず、綱吉が望み、吉保が工作を続けてきた桂昌院の従一位叙位が成った。桂昌院は七十六歳の高齢であった。

綱吉は、この功績はひとえに吉保の手柄、として二万石を与えた。これによって、吉保の知行は十一万二千三十石となった。ますますの出世であった。

桂昌院の叙位については確かに朝廷内でも「前例」「格式」などを唱える公卿などによって、多少の異論が交わされた。しかし、将軍綱吉の長年にわたる朝廷との好調な関係や、皇陵修復などの事業、さらには正親町ルートなどを駆使しての吉保の見事な工作が功を奏したのであった。

忠孝を謳い上げてきた綱吉にとって、母親の従一位叙位は何よりの親孝行であって、喜びにも一入のものがあった。それが吉保への二万石加増という褒賞となった。

吉保も、松の廊下の刃傷事件などを経ての長年の苦労、努力が実ったことが嬉しくて堪らなかったはずである。

ただ、いつも思うのだが「喜びと悲しみはあざなえる縄の如くにやってくる」ものである。

この元禄十五年四月六日早朝、神田の柳沢邸から出火してほとんどを灰燼《かいじん》に帰してしまった。屋敷の建物などは建て替えられるが、惜しいのは重代の家宝ともいえる品々を焼失したことであった。

その中には、藤原定家《さだいえ》筆・冷泉為広《れいぜいためひろ》奥書のある『伊勢物語』、歴代天皇の書、柳沢家にとっての家禄ともいえる武川以来の記録類などがあった。

後に新邸が完成した際に、東山天皇は吉保が火災で多くの書物を失ったことを知って、然るべき公卿に書写させた『三大集』（『古今集』『後撰集』『拾遺集』）を贈ってくれた。この時代に、天皇からこのような気配りをされた幕閣の要人は吉保の他にはいなかった。

元禄十六年になって吉保は、昨年の秋に幕府御用絵師の狩野常信《かのうつねのぶ》に描かせた自らの肖像画三幅それぞれに自筆で讃を書き捺印した。一幅は自邸に収め、他の二幅は甲府の一連寺と甲斐国青木村（現、韮崎市）の常光寺に納めた。

この肖像二幅は、そのまま一連寺、常光寺に納められており、自邸の一幅は、現在「柳沢文庫」に収蔵されている。

今、見られる吉保の画像というのがこれで、顎の張った切れ長な目、きつく結んだ口元から、当時の吉保の顔と姿とが想像出来る。

駒込の六義園は、その前年にほぼ完成していた。この広大な山里は、元々加賀前田家の屋敷地であった。それに七年余の歳月を費やして吉保自身が設計し、工事の指導も行うなどして完成したのである。

ここには、邸と広大な庭を造営した。現代も残る東京都文京区駒込の六義園である。もっとも現代のものは、元禄当時の三分の二ほどの規模になっているが、千鳥橋、心泉亭の門、田鶴橋、渡月橋、躑躅茶室、宜春亭などの遺構は見られる。

その名称は、中国の『毛詩』に見える「風・賦・比・興・雅・頌」の六義に由来する和歌六体を根拠としている。だから、吉保は六義園と書いて「むくさのその」と訓読みしたのである。

広大な庭園には、千川上水の水を引き入れた池を中心として、これに大小の名石を配し、回遊式の築山山水庭を形成している。

吉保は、この中から八十八景を選び、それには日本や中国の名所、故実、歌枕の名称を付けて、その風趣を楽しんだといわれる。

この六義園を、綱吉の娘で紀州綱教《つなのり》の正室になっている鶴姫が訪問した。建物は「六議館」と書いて「むくさのやかた」と読ませた。

その六義館に掛かっている御簾には、鶴姫が描いた絵と古歌があった。

その後、六義園の評判は高くなり、多くの知人などがこの庭園を見たいと言ってきた。吉保は、順番に披露した。

その中には、上野の宮である公弁法親王《こうべんほっしんのう》もいた。その後の、側用人や大老格の幕閣の要人らを見ても、吉保のように勤王の志厚く、したがって、朝廷などとの関係者からとこれほどまでの交際が出来た人物はいないようである。まさに、吉保は、当代一流の文化人であり、政治家であった。

後継問題を取りまとめる

元禄十七年（一七〇四、三月に改元されて宝永元年）一月二十八日、吉里の婚儀があった。相手は、酒井忠挙の次女である。忠挙は、酒井宗家の五代目であり、幕閣の名門でもある。吉保は、柳沢家にそうした徳川の名門の血が入ることを喜んだであろう。

実は、吉保は桂昌院の叙位とは別に、もう一つの宿題を抱えていた。綱吉から言い渡された宿題ではなく、大老格として取り組まなければならない徳川家に対する宿題であった。

それは、綱吉の後嗣の件である。

綱吉のたった一人の跡継ぎである徳松は、天和三年（一六八三）五月に病死していた。その後、男児は生まれず、綱吉の頭の中では長女の鶴姫が嫁いだ紀州綱教を養子に、という案が浮かんでいた。

　これに水戸光圀などが異論を持っていたことは、すでに述べた。

　光圀は、綱教を将軍家の養子として次期将軍位に就けるというならば、むしろ綱吉の姉である千代姫が嫁いだ尾張光友の子である綱誠《つなのぶ》こそ、徳川家の血は濃いはずというような考えも持っていたらしい。

　が、光圀はいずれにしても失脚して隠居を命じられ、元禄十三年（一七〇〇）には死亡している。それに、千代姫も綱誠も、やはり今はこの世にはない。

　吉保は、徳松が亡くなって綱吉の跡継ぎがいない以上、次期将軍位は綱吉の兄・綱重の子である綱豊こそ、相応しいと腹の裡では思っている。しかし、これをそのように綱吉に納得させるべきか。そこで悩んでいた。

　というのも、綱吉は綱豊をあまり好きではなかったからだ。喧嘩をした訳でも何でもないが、綱吉が就任時に綱豊（当時はまだ幼名の虎松）が、そのライバルであったことや、綱豊の生い立ちそのものへの不審などがあってのことだった。

　綱豊への綱吉の不審とは、甲府宰相・綱重が天樹院（大阪落城で助けられた秀忠の娘・千姫《せんひめ》）の老女であった松坂の召使い・お保良をいつの間にか孕ませてしまった結果、産み落とされたのが綱豊であったからだ。

　綱豊は、越智某という武士に育てられたが、後に甲府城の付け家老・新見備中守という者の子として育てられた。その際に、新見は綱豊が綱重の子どもである証拠を当時の老中酒井忠清に願い出て、忠清もこれを承知した。

　そのために内々で幕府も認知した。

　そのあたりの経緯が、綱吉にはどうしても不明朗に映っていたのだった。

　しかし、この時点で次期将軍の候補は、綱豊がナンバーワンであった。

　閑話休題。

　次期将軍位といえば、八代将軍・吉宗について若干触れておきたい。

　吉宗は、貞享元年（一六八四）に紀州藩主の光貞の第四子として生まれた。幼名源六、次いで新之助、さらに頼方と名乗った。生母については、風呂番をしていた下女であったともいうし、諸国浮浪の巡礼の娘であったともいう。

　吉宗は、四番目の男子ではあるし、母親の身分が低すぎたこともあって、家臣の加納五郎左衛門という者の家に預けられて育った。

元禄十年（一六九七）のことであった。

綱吉が、紀州藩邸を訪れた。綱吉を迎えた光貞は、長男・綱誠、三男・頼職《よりもと》を謁見させた。生母が卑しいとされる吉宗（頼方）は、次の間の隅に正座して控えている。もちろん、将軍に謁見出来るとも思っていない。

すると、綱吉に同道した老中・大久保忠朝が、吉宗を哀れに思ってこう言った。

「大納言殿（光貞）は子福者と聞きました。確か、他にもお子様がおられるのでは」

すると綱吉が、それならばその子を呼べという。光貞は、言われて仕方なく吉宗を呼び入れた。その結果、三男の頼職と同様に綱吉から三万石を賜るという幸運にあずかった。吉宗は、綱吉と大久保忠朝への恩を生涯忘れなかったという。

吉宗の運は、この時から開かれたといっても過言ではない。その後、兄たちが病死したために紀州家を継ぐことになり、さらに将軍位継承者がいなくなって、遂には八代将軍の座に就くことになるのである。

ところで、この吉宗が紀州家を相続して中納言に任じられた宝永四年（一七〇七）十二月十八日、綱吉から中納言を拝任した帰りを柳沢邸に立ち寄って、吉保にお礼を述べている。吉保も、まさか将来この吉宗が八代将軍になるとは露知らぬ。

無論、御三家の一人として大事に扱ったには違いないが。

吉宗の兄である綱教には、綱吉の娘・鶴姫が嫁いでいた。綱吉がその綱教を養子として将軍位に据えたいと思っていたこともすでに記した。

だが、宝永元年（一七〇四）の四月に、その鶴姫が二十八歳で病死するのである。さらに翌年、綱教も病死して綱吉の希望は打ち砕かれることになるのだが、それ以前に吉保は、現在の甲府宰相・綱豊の擁立を次第に形にしようとしていた。

この継嗣問題を、吉保は綱吉に対して正々堂々と意見陳述したであろう。

吉保が、大きな問題で綱吉に対し直言したのは、恐らく「忠臣蔵事件」での浪士処分と、この六代将軍位継承問題ではなかったか。いずれも幕閣にとっては、元禄を代表するような大きな問題であったはずだ。

もし、吉保が綱吉のご機嫌を取るだけの「阿諛追従」の人間であったなら、「直言」という、このような真摯な、それでいて綱吉の機嫌を損ねるかも知れない危ない橋を渡る訳もない。

赤穂義士の処分問題といい、此度の将軍継嗣問題といい、吉保はあくまでも正しく筋目を通そうと取り組んだのである。

吉保は、綱豊の用人であった間部詮房《あきふさ》と連絡を取り合いながら、綱豊の綱吉への養子縁組みを図った。綱豊は、甲府宰相ながら甲府には行ったことはなく、江戸桜田の藩邸に住んでいる。

間部は、能役者から上りつめた人物だが、吉保ほどではなくとも、才人として知られていた。その点で、綱豊の信任を得ていたのであった。

実は、病弱の綱豊は「将軍位」への願望はさほど厚くなく、将軍にならずともよい、くらいの気持ちさえ持ち合わせていた。むしろ、将軍継嗣などは辞退する意向さえあったという。それだけに吉保は、綱豊をその気にさせる必要も感じていたはずである。

綱吉ばかりでなく候補者である綱豊と双方へのお膳立てをしなければならないのだから、吉保の気苦労は大変なものがあっただろう。

綱吉もこの年には五十九歳になっている。徐々に、老いて行く自分を知るようになり、このままではならないということが分かっていたのではなかったか。

吉保は、上様に何事かがあった場合に、継嗣を決定しておかなければ延宝八年（一六八〇）の時のように混乱を来すは必定、と考えていたようである。

綱吉にとっても、後嗣の決定は重要な懸案事項になっていた。加えて、老齢化の激しい桂昌院も、継嗣の決定を急ぐように綱吉にも吉保にも催促している。

桂昌院も、この時期には継嗣は綱豊で結構、という考え方を持つようになっている。

吉保は自分自身が綱吉をその気にさせると同時に、「忠孝」を大事にする綱吉が最も耳を傾ける存在である桂昌院こそ継嗣問題のキーマンであると思っていたから、搦め手からのプッシュも考えて実行したのであろう。

そして、目論見通りに吉保は成功した。

宝永元年十二月一日、綱吉は「甲府宰相綱豊を自分の後嗣として内定する」と桂昌院、御台所に漏らし、同時に吉保にもその内定を告げたのである。

綱吉は、この問題でのこれまでの吉保の働きを十分に知っていたが、改めて綱豊との連絡を十分にするように命じた。

十二月五日という佳日を選んで、公式に発表した。御三家、譜代などをはじめ布衣以上の武家を総登城させて「綱豊の後嗣決定」を披露している。綱豊は、綱吉の養子になる。その盃事も無事にすませた。

一番難問であるはずの綱吉の後継者問題を、吉保は見事な手際でまとめ上げた。同時代ではなく後世の吉保批判者の中には、この後継者問題も吉保が自分自身の保身を考えての先手、と述べる意見もあるが、これなどは本当に穿ったものといえよう。

吉保にそのような私利私欲があれば、綱吉には見抜かれていただろうし、綱豊にも否定されていたはずである。

この後継者問題で、綱吉、綱豊の両者が感謝の意を吉保に示していることが、何よりも吉保が私利私欲で行動した訳ではない証ではないか。

吉保の力量がなければ、ここまでスムーズに後継者問題は解決しなかったと思われる。養子縁組をしたその日のうちに、人事異動が発表になった。

本多正永を綱豊付きとして、さらに甲府家老の戸田忠利、井上正方を加えて三人を西の丸付き（綱豊付きの重臣）とした。

この時、すでに儒臣としてあるいは政治顧問的な立場で、新井白石が綱豊の家臣となっていた。白石に取っては最大のチャンスが巡ってきたことになる。多分、白石は爪を研いで待っていたのではないだろうか。

この白石の存在が、後に吉保を「悪役に仕立てる」ことにつながるとは、吉保は思ってもみなかったであろう。

さて、綱豊は一旦退出して桜田の館に戻った。それから改めて西の丸に入った。西の丸というのは、世継ぎが暮らす曲輪である。この時には、最初のお召しに応じて登城した時とは打って変わって、すべてが将軍並みの扱いであった。

十二月九日になると、綱豊という名前を「家宣《いえのぶ》」に改めた。綱吉からは、祝意として江義弘《ごうのよしひろ》の刀を与えられた。綱豊改め家宣は大納言に昇任し、間部詮房は西の丸奥の番頭を命じられた。

こうした作業に加えて、京都の朝廷、御三家、在国藩主に行う申請や手続きなどのすべてを、吉保が中心になって働いたのであった。

この時の様子を、町子は『松蔭日記』にこう記している。

「こなたに（吉保としては）、とりわきて、おぼしあつかひ奉らせ給へり。さるべき人々など、あまたつけきこえさせたもうて、むべむべしう、かしづき奉らせ給へり。京へ

も御使い奉りて、つげさせ給ふ。日光の御宮へもまいる」（御賀の杖）

（吉保の君は、特別に配慮して綱豊様をお世話申し上げなさった。然るべき人々などを大勢お供にお付け申し上げなさり、将軍様に準ずる格式を持ってご奉仕なされた。京都の御所へも御使者を差し上げ報告申し上げなさる。日光東照宮にもお使いを出された）「御賀の杖」の巻

甲斐国を譲り受ける

宝永元年（一七〇四）十二月二十一日になった。

外殿に出た綱吉と家宣を祝うために、諸大名と三千石以上の旗本などが出席して、太刀や馬などを献上した。その席の上段にいた吉保は、二人が並んで座っている場所に呼ばれ、改めてあることを告げられたのである。

後継者が決まってほっとしたのか、晴れやかな表情の綱吉は、吉保に対して、このたびの世継ぎ決定に尽くした吉保の裁量を褒め称えたという。そして、それればかりではなく、自分の治世のほとんどを吉保一人に任せきりにしたが、それによく応えてくれたことへの礼まで述べたというのである。

それも「生半可に礼を申すにも、言葉不足で言い尽くせぬ。返す返すも感謝している」とまで言ったというのである。

多分吉保は、このように手柄を自分一人のように将軍様から言われては、他老中や若年寄などの立つ瀬がなかろう、と困惑したのではなかったか。

しかし、綱吉はそうした吉保礼賛に続いて、「吉保の永年の功労に報いるために」と前置きをしてから、吉保に甲斐の国を与える、と言い出したのである。

甲斐の地は、綱豊改め家宣が甲府宰相として領地としていた所であり、累代徳川幕府の直轄地であった。そのために臣下には与えるはずのない国である。その甲斐を、綱吉は吉保に与えると約束したのであった。

さしもの吉保も興奮したであろうことは、想像に難くない。

どうして綱吉がこんな特別のことを言い出したのか。そこには、すでに吉保には「松平」の称号を与えてあるし、吉保を徳川一門同様に思っている。そんな気持ちが潜んでいたからに他ならない。

吉保にとっては遠い先祖（武田家であり武川衆）から代々住んでいた国でもある。このような人事を喜ばないはずは

ない。

しかも先の甲府宰相綱豊（家宣）も同席している場所での、綱吉の言葉である。ということは、家宣自身も承知してのことと思われる。

困惑する吉保に、綱吉は袖から小さな書き付けの紙を出して与えたという。甲府城主に任命する書き付けであろう。

それを手渡された吉保は、過分な処置に対して礼を述べ、さらに「当然為すべきことを行ったのみであります。それなのに、これほどの褒美を頂ける幸せを心から感じております」という意味のことを綱吉に言ったという。

それを聞いた綱吉は、後方に控えていた吉里に向かって呼び掛けたとされる。

「そなたはまだ大層年も若いけれど、父からこのことをよく聞き置いて、万世子々孫々に至るまで栄え続けて、公事に携わってもらいたいとおもっているぞ」

家宣も、この決定は綱吉と自分とで話し合って決めたことである、と付け加えた。家宣も、吉保が甲府を領することに賛同したことを示す言葉である。

吉保は、退席した後でこの次第を老中に報告した。老中も、吉保への綱吉の破格の扱いに異論はなかったといわれる。吉保はさらに桂昌院に礼を述べに行った。桂昌院は、吉保の出世を喜び、こう語ったと伝えられる。

「年来のそなたの骨折りは比類のないものであろう。そのうえに、こたびのこと（継嗣決定のこと）にご尽力申し上げたのだから、全くどれほどの国を賜ったとしても十分とは言えますまい」

以上は、『松蔭日記』『楽只堂年録』、並びに『徳川実記』に残る記述からの、抜粋部分である。

これによって吉保は、三万九千二百石余りを加増されて、甲斐・駿河の二カ国で合わせて十五万一千二百石余りを領する大大名になった。

しかも父祖の地である甲州で、甲府城主となるのである。普段は何事にも冷静な吉保だったが、この時だけは感涙にむせんだことであろう。

かつて、有能な武士団として極めて強烈な足跡を残した武田軍団は、武田家滅亡後に徳川家に仕えた。一人一人は武田時代に劣らぬほどに奮戦し、あるいは討ち死にし、あるいは生き長らえた。だが、吉保の祖父たちを含む武川衆などは誰一人として、一万石以上の大名に取り立てられた武士はいなかったのである。

恐らく吉保は、自分の栄達を喜ぶよりも、父や祖父がもしも生きてこの世にあったならば、と父祖の心になってこの甲斐受封を受け止めたに違いない。

そして吉保の甲府城主就任は、武川衆のみならず、徳川幕府体制に組み込まれた武田家旧臣たちの念願を叶えることでもあったはずである。

それは「負け組の悲願達成」の瞬間でもあった。

つまり、この栄誉は吉保の栄誉であるとともに、武田旧臣、武川衆の栄誉でもある。「故郷に錦を飾る」という言葉がある。吉保こそ、故郷に錦を飾ることになったのであった。

武田旧臣という「負け組の悲願」を、まさに吉保が達成したといえよう。

この時、綱吉は五十九歳、吉保は四十七歳になっていた。吉保に代わって川越城には、甲斐の谷村藩（都留郡）一万八千石を治めていた老中の一人・秋元但馬守喬朝《たかとも》が入ることになった。喬朝も五万石の川越藩主として出世したのである。

吉里の生母である飯塚染子は、吉保の栄達に対してこんな和歌を贈った。

浅からず　つもる恵みも　君がしる
　甲斐の白根の　雪や見すらむ

（浅からず積もる将軍様のお恵みもあなたは知っておいでですが、それはあなたの領される甲斐の白根山の雪が深々と積もっているのを見ても、よく分かるのではないでしょうか）

甲斐の白根とは、南アルプスの最高峰・北岳を指すという。この他「甲斐が嶺」「奥白根」という言い方もある。

染子への、吉保の返歌は、

かしこなる　昔に帰る　甲斐が嶺の
　雪より深き　君が恵みは

（畏れ多いことですが、昔に戻って再び先祖ゆかりの甲斐の国を拝領することになりました。その甲斐の白根山に降り積もる雪よりも将軍様の恵みは深いことです）

しかし、吉保のこの栄達を喜ぶ染子は、この時病床にあった。

宝永二年（一七〇五）春には、綱吉六十歳の賀があった。その宴に出た吉保は、甲府城拝領の準備にも追われる日々を過ごしている。

武田旧臣である吉保が、甲府城主になることを知った甲斐の国からも、喜びの言葉やお祝いが届いたという。「おらが殿様」が、甲斐にゆかりの武士であることがよほど嬉しかったのであろう。

しかし、吉保は川越藩主を言い渡された時と同様に、いやそれ以上に忙しい身体になっている。そのために、江戸を離れる訳にはいかなかった。そこで、家老の柳沢保格（権太夫）を甲府には先乗りさせ、何もかも任せるつもりでいたようである。

この頃の甲斐は大国であった。何よりも、家康が天下の覇権を握って以来、甲府城は徳川一門以外に封ぜられた者はいなかったのである。

川越城が江戸の北方の備えであるならば、甲府城は徳川にとって西方の重要拠点と位置付けられてきたのである。

思い起こせば一時的な措置であったが、家康から武川衆が甲府城の留守番を命じられ、吉保の祖父・信俊もその任を担った。その意味でも、吉保には大事な父祖の土地であったに違いない。

吉保は、これから甲府城の城代として甲斐国の政治を執り行う保格に命じた。

宝永二年二月、川越城から先発の家臣団が甲斐に向かって出発した。十九日には甲府城の受け取り儀式が行われた。

吉保は、すべてを保格に任せてあったが、保格は体格の良い武士たちを選んで、堂々と行進させたという。五十騎以上の騎馬武者と三百人ほどの兵卒を率いた軍勢は、旗、弓矢、槍などを押し立てて二手に分かれて甲府城に入城したと柳沢家の記録は記す。

この他に、足軽や小者など従者、郎党が続き、その数は数えられないほどであったという。甲斐の人々も「武田様ゆかりの大名の入城」を一目見ようと、甲府市中ばかりでなく、近在からも多くが押し寄せたといわれる。

特に、武川衆の故郷である北巨摩や韮崎からは、押すな押すな、というほどの人の波が出来たというのであった。

甲府城主に

それまでの甲府城については、『甲府市史』（「近世　通史編第二号」）がこう書いている。

「甲府城は藩主綱豊が襲封した当時は、破損が甚だしかったという。甲府城は長期にあたり城主が不在であったため、城内の補修が不十分であった。」

そして、寛文四年（一六六四）に修理の必要性を幕府に訴え、許可されて二万両を費やして補修を行った。この補修によって、長らく破損したままであった甲府城はやっと城郭としての面目を一新したのであった。

こうした補修も、四十一年も前のことであったから吉保が甲府城主になった時には、障子や襖などは破れていて、とても城主が住めるような城ではなくなっていたらしい。

この日から、保格の奮闘が始まるのである。

なお、この年宝永二年（一七〇五）は奇しくも武田信玄没後百三十三回忌に当たっていた。吉保は本願人となって、恵林寺で信玄遠忌を執り行った。もちろん、吉保は江戸にいる。その代理として、保格がすべてを取り仕切ったのであった。

吉保は、「法性院殿百三十三年遠忌追福言志　左少将源朝臣吉保」と自著し、

百あまり　みそじ三と世の夢の山
かいありて今とふもう礼志喜

と詠んだ。この時、吉保は信玄百回忌に、父とは別に自分一人で金一歩を寄進したことや、以下に武田信玄公という人が素晴らしい武将であったかを教えられた幼い日々を回想したのではなかったか。


また吉保は、保格を甲斐国青木村の常光寺に代参させて、祖先の霊に当国拝領を報告させた。

吉保は、川越城を賜った時と同様に、領民を退治にすることや、家士には侍風を吹かすことなく慈悲を持って接することを言い含め、そうした掟を記した条目二十九箇条を定め、さらに九箇条を追加して甲府藩の綱領とした。

この宝永二年の三月十二日になって、吉保は新しい領地の中から駿河を返上して、改めて甲斐三郡の地を与えられることになった。

綱吉が、改めて吉保に与えたのは「甲斐国の山梨郡百四十六か村、八代郡百七十九か村、巨摩郡三百三十六か村の一円」であった。つまり現在の甲府盆地全体（山梨県のうち、郡内といわれた富士北麓、並びに東部地域を除く）をいう。

この結果、吉保の知行は、本高十五万千二百八十八石、物成詰高七万七千四百三十三石の、合計二十二万八千七百二十二石となった。

この物成詰高とは、米以外の畑や山林、河川などからの収穫物のことである。

吉保は後にこの朱印状を受け取る際、異例の行動に出た。綱吉から感謝しつつ頂戴した朱印状を、綱吉の目の前で嫡男の吉里に授けて、吉里にもお礼を言上させた。つまり、朱

印状を吉里に手渡したのである。

綱吉はそれを見て、「行く末いつまでも目出度いことである」と祝辞を述べている。

普通なら、吉保が朱印状をもらってお礼を述べてそれで終わるところを、なぜ吉保は吉里に手渡したのか。あたかも、この朱印状は自分ではなく、倅の吉里に頂戴しました、と言っているように見えるのである。

こうした吉保の行動をして「綱吉の隠し子である吉里に、甲斐一国を与える形にしたのだろう」などと勘ぐる向きもある。

やはり、これは最初に吉保が綱吉から甲斐を与えると言った際に、吉里に対しても「汝、よく父に命じられし御詞を奉り、子々孫々万世に至るまで忠勤怠らず、永く封地を伝ふべし」と語った言葉を、行動に移したと見るのが妥当ではないか。

朱印状を綱吉からもらった吉保は、その感激を歌に残している。

めぐみある　君に仕えし　甲斐ありて
雪のふる道　今ぞ踏みなん

翻訳する必要のない分かり易い和歌である。「甲斐ありて」と「甲斐」とを掛けていることもよく分かる。

なお、甲斐の郡内を領していた谷村《やむら》藩秋元氏が、川越に移封した後、谷村領はそのまま幕府領とされたが、その翌年、宝永三年（一七〇六）七月には、二万六百七十九石が吉保の預かりになった。これによって、吉保は郡内地域を含むすべての甲斐国全体を支配することになる。

知行も約二十五万石という大きなものになった。

そうなると、家臣団も増加する。この頃になると、家臣の数は三千二百を超えるほどになっていたようである。

甲府城、城下町を整備

吉保から委任された保格が、甲府城の整備に取りかかった。

そして吉保は、朱印状を手渡された時の綱吉の言葉に裏付けを得たような心地になっていた。そのために、この甲斐国を子孫永領の地と考えて甲府城修築、城下町の整備、さらに黄檗宗永慶寺の建立などに着手したと思われる。

宝永三年（一七〇六）九月、吉保の命を受けて同僚の田中省吾とともに甲斐国に入った荻生徂徠は、甲府城の改修工事が進んでいる様子を紀行集である『峡中紀行《きょうちゅうきこう》』にこう綴っている。

「甲斐の国は元来、将軍の兄弟が江戸の屋敷にあったとき封ぜられた地で、家門は領国に就かないならわしであったため、城はただ物見櫓とひめ垣のみで、殿舎は設けられなかったのである。今度わが藩が受封するに及んで、当然殿舎を営まざるを得なくなったので、ここに土木工事は盛んで、人足は蟻のごとく集まり、大層な騒がしさである」

近年にない大工事が、甲府城内で行われたことがよく分かる。

城内の居館は、屋形曲輪《くるわ》と儀式などの行われる楽屋曲輪は贅を尽くした建物となった。他に、清水御殿、数寄屋御殿、観月楼、太鼓櫓《やぐら》、鎮守祠《ちんじゅのほこら》などが増築、補修された。しかも吉保の美意識をよく理解していた保格は、その美意識に基づいて工事を行ったのであった。

荻生徂徠は、この甲州入りで『風流使者記《ふりゅうししゃき》』『峡中紀行』という二冊の紀行文を表している。そのうち『風流使者記』には、

「まず政庁の舎屋造営を一応終了して、白黒の壁の塗り上げだけが中途であった。城郭の雄大さ、城壁の堅固さ、雉堞《ちちょう》の壮麗さ、すべて一小都城というに相応しい。ただ櫓上に鯱《しゃちほこ》がないのが変わっているが、聞けば昔からないのでその謂われは不明だという。曲輪は、天守曲輪、本丸、二の丸以下すべてで十一郭ある。（略）これによって、美を尽くし、堅牢無比の城が成った」

と書いた。この文章の中で昔からないとされた「鯱」は、平成二年（一九九〇）から山梨県によって行われた甲府城の公園整備事業の際に、金箔瓦の破片とともに鯱瓦の破片も出土したことで、理由はどうあれ徳川初期に破壊されて埋められたことが判明している。

徂徠の時代には、そうしたことさえ甲府の人々の記憶からは去っていたと思われる。

いずれにしても、この増築、補修によって甲府城は最盛期を迎えた。

保格は吉保の命令によって、甲府城の補修などに続いて城下町の整備にも着手した。

武家屋敷が郭外にまで広がったのもこの時期である。この時代の甲府を描いた『甲陽柳秘録』（この書名も、甲陽つまり甲府における柳沢の秘録である、ほどの意味で名付けられている）によると、

「南は教安寺裏門前、深町蔵田分に組与力・足軽屋敷、二十人町には城代足軽、表佐土町には物頭の諸侍、代官町には代官衆、東、境町長禅寺前に町方地方組足軽・目付方与力衆、樹木町に御能役者・料理方、西、穴切・百石町・田町・小砂町（中略）…岩久保古城に至るまで諸士の住宅、竪小路・横小路棟を並べて作り並べし有様は、是ぞ甲府の繁昌時を得たり云々」

とある。また『甲府城御付』によれば、これより後の享保九年（一七二四）には侍屋敷三百四十七軒、与力同心七百三十二軒、町家は家数千八百三十七軒、借家千一軒と記録されていて、町方の人口も「ほぼ元禄年間の一万四千人を維持」していたと伝えられている。

甲府城下町の町数は、七十九町であった。

吉保は、それまで甲府市外とされていた武田氏館跡（躑躅ヶ崎館跡《つつじがさきやかたあと》）のある「古府中」を、府中のうちに加えた。また「古柳町」のように、「古」と頭に付けられていた町名を「元柳町」というように改称した。さらに、伊勢町を山田町、川尻町を緑町などに変更した。

人口も多くなったが、吉保が甲府城主になったことの恩恵は、もっと別にもあった。

甲斐国の歴史と諸事、名所旧跡などを記した『裏見寒話《うらみかんわ》』が、この頃の模様を「（享保九年頃は）昔から保山（吉保）父子の余沢に依て大いに繁花に成り、香具の類、呉服類を始め不自由成る事なし」と述べているとおり、これ以後の甲府の繁盛はすべて吉保・吉里の治世のゆえであった。

柳沢吉保という「大きなブランド化」が為されたために、甲府という城下町の信用度は高まった。それまでの二流半から三流の城下町が、一流に生まれ変わったのである。

そのために、他国からの商人の往来も繁くなり、商品の流通も活発化した。遠くは京都、近江などから小間物類や太物類の商人が訪れ、江戸からは薬酒や小間物類、信州からは酒が仕入れられ、また上方の酒も甲府に入ってきた。

さらには越中の薬売り行商の姿も見られるようになるなど、甲府城下は以前に比べて遙かな賑わいを見せるようになった。

『兜《と》がん雑記』という書物には、当時の甲府の様子が、次のように書かれているほどであった。

棟に棟、門に門を並べ、作り並べし有様は、是ぞ甲府の花盛り、時を得たりと見えにけり。君、君たれば、臣、臣たり。上を敬い下を撫し、誠に目出度き御代なりと、万民万

歳を唱る

徂徠はこうして甲府城を中心に見て回ったが、実は吉保から密命を帯びていた。

それは、吉保の祖父に当たる柳沢信俊が、武田家滅亡後に織田・徳川から身を隠すために、武川の山奥に逃げ込んで砦を作り生活していたという場所があるはずだから、探して欲しいという命令であった。

その場所は、餓鬼の喉《のど》、という恐ろしげな名前で呼ばれていたようである。

徂徠は、餓鬼の喉という場所を探すために、甲府からさらに西に向かった。武川衆の本願地は、甲府から諏訪に行く途中にある。韮崎を過ぎ、さらに山深くなる場所である。すぐ間近に、甲斐駒ヶ岳のせり出した額のような偉容が現在も迫っている。

しかし、とうとう徂徠はその「餓鬼の喉」を探し当てることは出来なかった。

現在でも、その場所に行き着くのは困難とされているほどである。

甲州八珍果を選定

吉保自身は甲府領に入ったことはなかったが、甲州で採取出来るさまざまなものが、保格から送られてきたという。

そのお裾分けを綱吉にも、と考えた吉保は、時の献上物の中に甲斐で産するものを入れるようになったようである。

そのリストには、四月「岩茸《いわたけ》」、七月「粕漬鮎（笛吹川産）」、八月「梨」、九月「葡萄（勝沼産）」、十一月「袋柿（つるし柿）」などが見える。

吉保は、こうした甲州名物を何とか甲府の物産として定着させたいと願った。

それが「甲州八珍果」としてリストアップされるに至った。それは、葡萄、梨、柿、桃、栗、林檎、胡桃《くるみ》、石榴《ざくろ》あるいは銀杏であった。

こうした果実の選定は、今に至るも山梨県が果実峡であることを考えれば、今につながる「吉保の先見性」に他ならないといえるのではないか。

実に吉保は、甲府の恩人であるばかりでなく、甲州の果樹農家にとっても恩人といえる存在といえよう。

「吉保など関係ない」「吉保は水戸黄門様の仇役《かたき》」くらいに

考えている山梨県民や果樹農家にとって、一度吉保をこの面から顕彰し直す試みがあってもいい。

甲斐八景による甲州振興

吉保が山梨に与えた恩恵は、まだある。

吉保は、その和歌の知識、風流人としての直感から、甲州にも素晴らしい景観の地があるはずだとの見解を持ったようである。

それは、近江八景からの着想であったかも知れない。だが、知識人としての吉保の感覚は鋭い。近江八景そのものが中国の瀟湘《しょうしょう》八景に擬して選定されたもので、琵琶湖に見られた八か所の景勝地を和歌に詠み、それを披露している。

ちなみに近江八景は「比良の暮雪」「矢橋の帰帆」「石山の秋月」「瀬田の夕照」「三井の晩鐘」「堅田の落雁」「粟津の晴風《せいらん》」「唐崎の夜雨」をいう。

これと同様に「甲斐八景」を選定しようというのが吉保の考えであり、後に吉里が奏聞《そうもん》（天皇にお伝えすること）し、勅許を得て定められている。出題筆者は冷泉中納言為綱、外題筆者は伏見中務卿邦永《なかつかさきょうくになが》親王である。

いわば、「山梨県観光宣伝」の一大イベントであり、総合プロデューサーが吉保、ディレクターが吉里、しかも有名タレントを使っての観光キャンペーンという趣であろうか。

以下に、具体的な内容を記す。

『夢山春曙《ゆめやましゅんしょ》』…甲府夢見山の春の夜明け（中院前大納言通躬《みちみ》）

きのふまで　めなれし雪は　ゆめ山の
夢とぞかすむ　春のあけぼの

『石和流蛍《いさわりゅうけい》』…笛吹川の蛍（日野中納言輝光）

いさわ川　夏なき波の　よるよるは
見ずのほたるの　かげぞながるる

『竜華秋月《りゅうげしゅうげつ》』…竜華山永慶寺の秋の月（武者小路前宰相実陰《さねかげ》）

なにしおはば　峯なる秋の月や知る
そのあかつきの　花の光も

『金峯暮雪《きんぷぼせつ》』…金峰山の夕方の眺め（久世三位通夏《つうか》）

日のかげは　くれてもしばし　色はれぬ

雪ぞこがねの　峯にかがやく

『富士晴風《ふじせいらん》』…晴れた日の富士山（入江民部権小輔相尚《すけなお》）

吹きおろす　あらしを見せて　一村の　雲もさはらぬ
不二の白雪

『酒折夜雨《さかおりやう》』…酒折宮の夜の雨（冷泉中納言為綱）

暮れぬまの　あらしはたえて　さか折に
　まくらかる夜の　雨になるやど

『恵林晩鐘《えりんばんしょう》』…恵林寺の暮れの鐘（外山前中納言光顕《みつあき》）

静なる　夕べのかねの　こえきさて
　見れば心の　いけもにごらず

『白根夕照《しろねせきしょう》』…夕日に輝く白根三山（中山前大納言篤親《あつちか》）

この夕べ　残る日かげも　晴れていま
　むかふ白根の　雪にくまなき

考えてみれば、この「甲州八景」は、現在から見れば江戸の「ふるさと観光宣伝」の嚆矢《こうし》であったかも知れない。

山国であった甲斐は、吉保の積極的な統治によってそれまでとは見違えるほどに華やかに変貌した。特に甲府は、元禄という派手で華美な江戸風が移入されて、後に「小江戸」と呼ばれる（ちなみに川越を小江戸と呼ぶが、この「小江戸」という呼称は甲府が最初であった）土地柄になっていく。

それに美しく生まれ変わった甲府城の美観もあって、華やかな活気に満ちた町になったのであった。

地域産業の振興という面では、商品生産としての郡内織に代表される養蚕や葡萄、葉煙草、梨、干し柿などを奨励した。特に都留《つる》郡一帯で生産される郡内織は、その後に江戸の歌舞伎では役者たちが舞台で着る着物として知られるようになり、「甲斐絹《かいき》」あるいは「郡内織《ぐんないおり》」と呼ばれて江戸の庶民にもてはやされるようになる。

一方で吉保は、黄檗宗の総本山・万福寺の僧らとの親交が篤かった。その縁で、甲府に拠点としての寺を建てた。元々、甲府の北方、岩窪の地（信玄誕生の地に近い場所）にあった穏々山霊台寺を改めて竜華山永慶寺を建立し、自分の菩提寺と決めたのである。

この永慶寺は、吉保が帰依していた明国からの渡来僧である悦峰道章禅師を開山とした。しかし、この寺は今は甲府にはない。

黄檗宗の僧たちとの親交は、吉保の知識人としての一端を示すものとして興味深い。

吉保は、甲斐国を子々孫々まで柳沢の領国として支配するつもりでいたが、結局柳沢氏の甲斐国支配の期間は、宝永二年から享保九年までの二十年間となる。

このうち、吉保が領主として統治したのは宝永六年（一七〇九）六月までの約五年間であった。

だが、吉保の統治の時代は、川越時代を遙かに凌ぐ規模での治績があった。それは吉保の甲斐国に対する思い入れのゆえであったかも知れないが、それ以上に吉保からすべてを任された家老の柳沢保格の善政も功を奏したのであろう。

保格は、元来が曽禰氏であったが、その功が厚いために吉保から「柳沢」の姓を与えられるほどの人物である。誠実、篤実、真面目、働き者、どれ一つを取っても、並みの大名以上の政治力、実行力、企画力を持っていたといわれる。

保格の存在は、吉保の人物眼が優れていることを示していよう。部下の登用は藩主の力量であるからだ。

第八章　将軍綱吉の死

綱吉への三つのお願い

時間軸を少しだけ戻す。

宝永二年（一七〇五）五月、病床に就いていた吉里の生母・染子が危篤となった。病中には何度か綱吉や桂昌院などから見舞いがあったが、とうとう五月十日死亡した。綱吉、家宣なども弔問の使者をよこしている。染子は、曽雌氏の母方の菩提寺である龍興寺に葬られた。染子の法号は「霊樹院月光寿心大姉」である。

吉保にとっては、側室の中でも特別の人物であったと思われる。恐らく町子と並んで最も大事にしてきた側室ではなかったか。嫡子吉里の生母であったという意味も大きい。だからこそ、綱吉、家宣らも弔意を贈ったのであろう。

宝永三年（一七〇六）二月十一日、次期将軍に決定していた家宣が、初めて柳沢邸に臨んだ。内容は、ほとんど綱吉のお成りと同様であって、家宣は数々の品々を贈り、吉保も返礼を贈った。能楽と狂言があり、家宣は自ら『羽衣』『船弁慶』などを謡い舞った。

家宣は綱豊時代から能楽を好み、間部詮房の起用もそうした能楽がきっかけであったらしい。詮房は元来が能楽の人であったからだ。

こうした家宣の能に対して、柳沢家では吉里が『高砂』、弟の安通が『田村』などを舞っている。さらに能狂言の後は、吉保の家臣らによる剣術、槍術の試合があったという。

この事実を見ても分かる通りに、吉保が綱吉亡き後の将軍である家宣と疎遠であったという説はまやかし以外の何物でもない。家宣にとって、吉保は将軍位に就けてくれた恩人というような気持ちを持ち続けていたはずである。

家宣は、この年十二月にも二度目の柳沢邸来臨を果たす。

また、前年の宝永二年（一七〇五）六月二十二日、綱吉の母親である桂昌院が七十九歳という当時としてはかなりの高齢で、死去した。綱吉の悲しみは計り知れないほど大きかったが、吉保にとってもその死は衝撃的だっただろう。

吉保にとって、綱吉に次ぐ大きな庇護者であり、吉保の理解者だったのが桂昌院であった。桂昌院の死に対して、幕閣からは江戸府下中での鳴り物停止五十日の令が発せられた。栄光に浴しながらも吉保の人生は、徐々に晩秋にさしかかり始めている。

この夏、吉保は激しい公務による疲れを覚えるようになっていたためもあって、綱吉に対して三つの請願をした。

第一は、城中各所で番人たちが、自分の姿を見れば必ず下座蹲踞《そんきょ》（うずくまる）するので、当方も失礼を怖れてそれに対応するのが煩わしくて仕方がありません。今後は一切下座蹲踞の無用のこと

第二は諸大名からの公文書の取り次ぎが今まではすべて松平輝貞との連署であったが、今後は連署から自分の名前を省略することをお許し願いたい

第三は、端午、重陽、歳暮、参勤、継目、隠居等、総じて公儀に献上物ある時は、吉保にも献残を贈られてきた。今までは断るのも相手方に悪いと考えてずっと受納してきたが、これも今後は上意によって止めさせて欲しい

特にこの三つ目。贈り物の停止の件は、吉保が賄賂を否定し、律儀に生きてきたことを示す証拠であるように思えてならない。

こうした請願に対して、綱吉は一、二番目の願いについては無条件で「もっともの事なり」として、許可したが、三番目については「贈る人の志を考え、また当人同士の間柄に属することなれば、受けられるものならば受ける方がよい」という答えであった。

そこまで、ストイックにならなくてもいいじゃないか、と綱吉が吉保に言っているようにも思える回答である。

宝永四年（一七〇七）一月十八日、吉保は「五十歳の賀」を祝う歌会を開いた。

二月には綱吉がお成りになり、吉保の五十歳を祝う和歌を詠み、自ら書いて与えた。

あつさ弓　いそぢの春を　いはふより
いく千代までも　なほやつかへて
綱吉

この日、綱吉は親講し、『論語』の中でもすでに講釈の終わった編をもう一度繰り返した。

相次ぐ天災

天変地異が発生した。

宝永四年（一七〇七）十月四日昼頃、諸国に大地震が発生した。その被害状況の報告は六日頃から続々と幕府に達した。日本国中で一万五千戸もの家屋が津波などで流出、倒壊し、記録された死者だけでも五千人を超えた。

吉保も「大規模地震対策本部長」クラスの立場で、その対応に追われた。そして、最も両国に被害の多かった三河国田原城主・三宅康雄には、暇を与えて帰国させたという。

吉保の領国である甲斐国からも、「城内の門、瓦、壁などの破損少々、城下町屋敷壊滅百四十九軒、在家壊家五千六百二十一軒、寺社壊滅二百十七カ所、死人九人、怪我人十七人」という報告があった。

山崩れや河川の破損などもあったが、幸い死傷者の数が少なかった。しかし吉保は、念を入れて再調査を命じている。その結果、次のようにかなり大幅な訂正になった。

家の損壊は千五百九十九軒、寺社の被害三十七カ所、怪我人四十五人、死者十五人、道路破損一万五千百四十五間

さらに天変地異は続く。

同じ年の十一月二十三日早朝、富士山が大爆発を起こした。歴史上は「宝永噴火」という。この噴火によって富士山の東側にクレーターのような窪みと盛り上がった山が出来た。これがその噴火による「宝永山」である。

当時の記録には「地震数回、終日一天陰闇、正午に至り（江戸には）灰頻りに降り、震動止まず、昼過ぎには黄昏のようで灯火なくして物を見ることも出来ない」などとある。その後、やっと空に晴れ間が見えたのは二十八日になってからであった。

吉保は、こうした災害対策の責任者も兼ねた。富士山噴火は当然郡内地域を含む甲州全体にも大きな影響を与えたが、それ以上に武蔵、駿河、相模などは田畑のことごとくが火山灰に埋まり、それ以後の耕作は不可能となった。

宝永五年（一七〇八）正月、

まず、石、砂を取り払い、重ねてよく吟味した上で、飢餓の出ないように入念に考慮すべし。その担当者は荻原重秀とする

という趣旨の布告が幕府から出された。重秀を中心にした対策班は、救済費のために全国に課税をした。百石あたり二両。全国が二千四百万石として、この計算では合計四十八万両が徴収出来る勘定であった。

重秀は、この徴収金を富士山の降灰対策だけでなく、各所の復旧工事にも使った。

災害は重なるものか。今度は京都に大火があって、禁裏・仙洞どちらの御所も全焼したという知らせが入った。

老境に入っているのに、吉保は多忙を極めている。

復旧工事がはかどらない、と知った綱吉は「こんな時には弥太郎」とばかり吉保を用いることにしたらしい。とにかく宮中の修復を急がせるように命じているのである。

吉保は、綱吉の期待通りに復旧工事を急がせた。そして、京都御所などの面積も以前よりも一万五千坪以上広げて、敷地内の殿舎をなるべく離れて再建させたのである。こうすることで、再び火災が起きても類焼を免れるようにとの、吉保の配慮であったようだ。

勤王家の綱吉も、この配慮を喜んだとされる。

綱吉病床に

宝永五年（一七〇八）も押し詰まった十二月下旬、綱吉が軽い疱瘡《ほうそう》に罹患した。吉保は、取るものも取り敢えず見舞いに出掛け、さらに二十九日には吉里、経隆、時睦の兄弟を連れて見舞いのために登城している。

綱吉の疱瘡は、実はそんなに簡単なものではなく、ことのほか重いようであった。吉保は一瞬、絶望感を持ったかも知れない。だが、すぐにいつもの冷静さを取り戻したのだろう。

吉保は翌日から、江戸城に泊まり込むようになった。そして綱吉の看病について、医師団などに自らあれこれと指示を出した。吉保自身も一睡もしないままで朝を迎えたこともあったという。

明けて宝永六年（一七〇九）正月。

吉保はいつもの元旦と同様に新年の賀に出仕した。だが、病床にある綱吉は顔を見せず、代わりに家宣だけがいて諸大名、旗本などの拝賀を受けた。


「大かたの空は、たちかへる、はるのあしたのほども、いかなるにか、御所のおまへ、あつしうおはしますことゝ、もてさはぎあへるに、中々のどかなる空ともなく、おもひまどへり」（めぐみの露）

（空全体の気配も昨日とは打って変わって、新しく迎えた春の朝であるが、どうした訳か、将軍様が重い病気に罹っておられるということで大騒ぎである。それで、とてものどかな新春の空などというどころではなく、人々も呆気にとられて心配している）「めぐみの露」の巻宝永六年（一七〇九）一月一日の『松蔭日記』冒頭である。

この日記には、吉保が綱吉の病状を心配のあまり、暮れも新年もなく綱吉の枕元につきっきりでいて、逆に綱吉から「儂は大丈夫だから、弥太郎は邸に戻って休むように」などとたびたび言われたことなどが記されている。

吉保は、この正月も早朝から登城して綱吉の看病に当たり、綱吉から「休め」と言われ昼頃には戻るが、どうしても心配になって夕方にはまた登城する、綱吉から再び「休め」と言われて夜には戻る、という生活を続けていたようである。


吉保様は、将軍様にお薬を差し上げ、御寝起きなどをさえ心をこめて御世話を申し上げなさる。然るべき必要があって将軍様を起こし申し上げ、僅かに歩く際にも、その手をお引きになるので、将軍様も大層その思い遣りが身に染みてお感じになっていらっしゃるようである

町子は『松蔭日記』に、このような筆致で吉保の綱吉に対する看病を書き残している。

そして、九日になってやっと綱吉の病状が回復に向かい始めたといわれる。


綱吉は、習慣であった「酒湯《ささゆ》」に入ると言い出した、と徳川家の記録にある。大部病状も回復してきたと知って、病気の全快と六十四歳の誕生の祝いを兼ねて、御三家などからもさまざまな品物が届けられたという。

しかし、すでに隠居して嫡男に家督を譲った元老中の大久保忠朝や、牧野成貞らは、綱吉を見舞った際に、その顔色がすぐれないことを見て取っていたといわれる。

二人は、それぞれに旧知の老臣たちにも「万一の時に備えるように」という言葉を残して下城した。

その晩、吉保は後輩の側用人である松平輝貞から「夕食もすすみ、ご飯も食べた」と聞かされていたし、医師の診断も懸念すべきものではなかったことから安心してはいたらしかった。

深夜のことであった。

一旦屋敷に戻っていた吉保は、「急ぎ登城すべし」という連絡を受けた。『徳川実記』は、その辺りをこう記している。


下痢の御心地ありとて、厠におはして帰らせ給ひ、御衣服あらため給ふほどに、御精神とくならせ給ひしかば、此時松平右京大夫輝貞は御厠のかたにあり、松平美濃守はいまだ参らず、黒田豊前守直邦は御うしろよりかかへ奉り、五

丸、北方の方々などは御手をとりあはてしに、吉保馳せまいりければ、猶みだれさせ給ふこともなく、吉保が参りしを御覧じてものなど宣ひけるとぞ。やがて医官どもまいり御脈をうかがひしかば、直邦御脈はいかがにやと申しけるに、はや絶望とてみな愕然たりしといへり

ここでは、便所から出て容態が急変した綱吉が、そこにいない吉保の到着を待った様子が、切迫した文章で述べられている。そして、吉保が馳せ参じると、綱吉はそれを見て何事かを吉保に言った。そこには愛妾のお伝の方（五の丸）、御台所（北の丸）などがいたのだが、綱吉は吉保に対してだけ何事かを呟いくように言った。そして、それが最後の言葉であったというのである。

そして『実記』は、綱吉は寝所に入ったが薬も口に入らない様子であった、慌ただしく医者たちが来て脈を診たがとうとう綱吉は帰らぬ人になった、と結ばれている。

時間は辰の上刻（午前八時）。享年六十四歳。誕生日を迎えたばかりの出来事であった。吉保は、「将軍かくれさせ給へる」と前書きをして、

深かりし　恵みの露も　むかしにて
なみだぞ今は　袖にせきあへぬ

と悲しみを和歌に託して詠んだ。深い悲しみが吉保の心と身体を包んでいたことであろう。

綱吉の病状変化を聞いて家宣も二の丸から慌てて参上したという。この時、家宣は朝食を摂っていたが、驚いて箸を投げ捨てて立ち上がり走った、と記録されている。しかし、綱吉は物言わぬ身になっていた。屏風の中に入って静かな対面となったのである。

邸に戻った吉保だったが、食事も喉を通らないくらい落胆は激しかったらしい。深く沈み込んだまま何事かを考えているように、町子には見えたと、『松陰日記』は記す。

町子は吉保が何事かを心に決めているように見えた、と記し、その何事かとは、多分綱吉薨去後の自分の隠居、出家のことであろうと書いている。

だが吉保は、これから綱吉にまつわる様々な事後処理をしなければならない。それだけに悲しみを深く心に秘めたまま平静を装って歩き回り、指示を出さなければならないであろうそんな吉保を見るのが辛い、と『松陰日記』の記述にある。

綱吉薨去直後の隠居願い

綱吉薨去の翌日、吉保は登城した。家宣は、吉保を二の丸に呼んで、あれやこれや細かい事柄を尋ねたり、指示したりしたという。

これから、綱吉の葬儀などが待っているし、その後は家宣の将軍位の宣下などもある。そうした折に言い出すことではないかも知れないが、と前置きをして吉保は家宣に隠居、引退を申し出たのである。

家宣は「今はこうなった以上、ひたすら隠居して出家をしたいと申すのは、もっとものことだが、将軍様（綱吉）はそなたを重んじていたうえに、私のためにもそなたは並々でない功績があったことを忘れることは出来ない。それゆえ、そなたの若い子息などのことも、我が身のある間は少しも疎かに扱うつもりもない。そなたは、長年表立ったことに重々しく用いられて、他に比べられるような人もないので、今の身分なら誰でも必ず私の後見人などようになろうと思うはずの地位である。そなたが将軍様のおられぬこの世で、ただ一途に将軍様をお慕い申し上げるのもよく分かる。しかし、今そなたが言うように隠居して出家したいというその意向を、もし将軍様が夢にでもお聞きしたならば、不審を持つであろう。私にしても不安がない訳ではない。もし出家などすれば、きっと私に手落ちがあってそうしたのであろうなどと、口さがなき世間一般の口の端にも上るというものだ。そうした理由から引退だの出家だのという言葉は出さず、思い止まって欲しい。出仕するのが辛いとしたら、今しばらく待って私の意向を聞いてからにして欲しいのだ」と答えた、と記録されている。

「そなたが出家を思い立ったことは理解出来る。だが、誠の気持ちを失わずに将軍様をお慕い続けるというのであれば、出家せずにお慕い続けることだって出来るであろう」

家宣は、このように繰り返したといわれる。

家宣の引き留めに、吉保はどう対応したのか、注目したい。というのは、小説を始め多くの書物などが「吉保は、綱吉の薨去と同時に失脚し、柳沢家も甲斐藩主から大和郡山に転封された」と、まるで一夜にして吉保が失脚して、吉里も逼塞させられたように書いているからである。

しかし事実は異なる。吉保の隠居申し出を、家宣は引き留めているのである。勿論、柳沢家はまだ甲府藩主のままである。

吉保は、家宣の引き留めを無下には出来なかったらしい。

一旦は、引き留めを承知している。しかし、隠居、出家したいという思いは改めがたく心にはある。

そこで、いつでも家宣が呼んでくれれば江戸城に駆け付けるが、少なくとも公務・政務に関すること容赦してほしい、と懇願したようである。

つまり、大老格という公務からは解放されて第一線から身を引くが、それは休職扱いということで、身分待遇はそのままで、事ある時には家宣のために働く、と約束したようなものであった。

家宣は、やっと安心したように機嫌を直して、吉保の言い分を認めたといわれる。

もう一度、強調したい。

【綱吉の薨去によって柳沢は失脚した】が定説のように伝えられている。だが、いくつかの資料を見る限り、吉保は失脚していない。もちろん、吉里も、である。

吉保は、綱吉の死後ただちに権力の座を自らの意志によって離れたのである。むしろ、家宣はそんな吉保に、これまで同様に「大老格」として残って欲しい、と慰留したのである。

こんな事実も残されている。

隆光僧正が綱吉の葬儀の日について吉保に申し入れたところ、吉保は「我らかつて構えて申さず。すべて大久保忠増《ただます》に聞くべし」と答えたという。

大久保忠増は、忠朝の嫡男で宝永二年（一七〇五）から老中になっていた。吉保は、自分が身を引いた以上、口を出してはいけない、と考えての隆光への回答であった。

出棺は二十日の予定であったのが、雨によって二日延期された。その間、吉保は棺のそばを離れなかったし、そこにいない時には棺を埋めるための東叡山寛永寺の墓地が特殊な造営であったから、その監督に現場に赴いたりもした。吉保は、棺を無事に地底に安置するために、轆轤《ろくろ》のような装置を使うことを発案している。

そして二十八日の大葬の日が来た。

この日は朝から霙《あられ》が降って一時も止むことはなかった、と伝えられている。

棺のそばに従っていた吉保が、一時気を失ったという。張りつめていた緊張の糸が耐えられないように切れた、そんな感じで倒れたのであったらしい。吉保の精も根も尽き果てたという様子が、この表現でよく分かる。

葬儀は、公弁法親王が導師として執り行われた。その焼香の順序も、吉保は医師の後になった。決して自分が最初にとか、早い順序でとか、いうことはなかったのである。

なお、綱吉の死因については「疱瘡」と「麻疹《はしか》」という両説がある。綱吉は、将軍位に就いて足かけ三十年の長い時間を、吉保とともに送ったことになる。

綱吉には「常憲院殿」という諡号《いごう》(おくりな)が贈られた。

「生類憐みの令」のその後

「生類憐みの令」の「その後」について述べる時が来た。

『宝永日記』という、幕府が江戸市中に触れ出させた通達の文面を収めた文書集がある。それには「宝永六年一月十八日の条」として、こう記されている。

「生類憐みの令のことは、先代(綱吉)の思し召しの通り、いよいよ断絶なきようにとのご意向である。ただ、この件に関して下々が迷惑していることもあるそうだから、今後はその点に念を入れて、下々が困窮したり、咎人《とがにん》が出たりすることのないように務めよ」

ここでは中野の犬小屋の廃止なども記されている。

これは当時の時系列の記録である。

では、吉保はどのようにこの問題について対処しているだろうか。『楽只堂年録』を見てみよう。

「一月二十日、間部詮房と一緒に老中に申し渡すようにと、次のような新将軍の仰せを奉った。生類憐みの令については、先代(綱吉)がお心にかけられたように、いずれも遵守して断絶なきようにせよ。ただし万民が苦しまず、咎人を出さず、町屋も困窮せず、奉行所も煩わされないように、万事穏便に済ませるべく心掛けよ、とのことである」

ではどうして、綱吉が死ぬと「憐みの令」はすぐに家宣によって廃止され吉保も承知した、などという定説が出来上がったのか。どうやら、この定説も【柳沢失脚論】と同じ文脈から出たもののような気がするのだが。

吉保は、家宣との会話の中で「憐みの令」に触れて、「法令の真の趣旨は、決して人々を苦しめることには非ず。命を尊ぶという趣旨であった。もしも本当に悪法であるならば、運営する我ら役人の側に責任はあるはず」という意味のことを申し立てて、法令の真の趣旨を弁明した。これによって、家宣の方針は廃止ではなく存続と決まった。

ただ、「憐みの令」は続行するが、方針を転換して中身を骨抜きにせよ、というようには読み取れる内容ではある。

いずれにしても『徳川実記』の、「憐みの令」の部分を見ると、『宝永日記』『楽只堂年録』とは、全く違っているのである。しかも、このことなる『実記』が、信用されて今日まで来ているという事実にも注目したい。

「(家宣公は) すぐに柳沢吉保を呼んで相談された。先代は生類憐みの令のことを (今後も守るように) 厳命され、百年経ってもこの方針だけは変えないことが私への孝行だと心得よ、と仰せ付けられた。しかしながら、この法令のお陰で何十万という罪人を出し、獄中に没した者も少なくない。厳しく遺言されたことではあるが、この法令を廃止しなくては国内の憂いがなくならない、と。吉保ももっとものことと賛同したので、家宣公は綱吉の遺骸に向かい、あれほどの御遺命ではございますが、万民の思いには代えがたいので生類憐みの令は廃止させていただきます、と宣言して退出された」

この大きな落差は一体どこから来ているのか。実は、綱吉を「犬将軍」に貶めて、吉保を「阿諛追従の寵臣」に仕立て上げたのも、こうした謂われのない「記録」ゆえであった。

この大落差を追求したのが、これまでにも何回か引用させていただいた山室恭子さんの労作『黄門様と犬公方』(文春新書) である。山室さんは、この大落差の震源地を「新井白石の『折たく柴の記』である」とする。

綱吉の死後百年以上経ってから編纂された『徳川実記』が、一体どこからこの話を仕入れてきたのか、多くの資料に当たった結果、山室さんは「この話はたった一冊の書物にしか掲載されていない」とする。

本書の、第三章「生類憐みの令」の真実でも引用させていただいたが、山室さんによると、「憐みの令」によって罰せられた人は、何十万人などという数ではなかったという。

すべての震源地は、白石の『折たく柴の記』にあるといってもよさそうである。

それは、貨幣改鋳を行った荻原重秀への徹底的な攻撃にも見られる。重秀は、白石によって政治生命ばかりか実際の命まで断たれることになる。重秀の祖先が甲州武田家の重臣であったことなどから、重秀自身も吉保に重ねられて考えられ、ともに綱吉の亡き後、「悪人」に仕立て上げられるのだが、その根元は新井白石とその著書『折たく柴の記』にあった。

後に、文人大名の代表格ともいえる松浦静山は、白石を評して「白石は前代の事をよく言はざる漢《おとこ》なりしが」と、その本質を衝く発言をしている。

家宣政権になってからも、吉保とは異なり荻原重秀は勘定奉行としてさまざまな仕事をこなしている。政治顧問的な立場にいる白石には、それが気に入らない。

元来が重秀と白石とは「犬と猿」。それも白石が一方的に重秀を嫌ったのである。白石は、経済について理解出来ない儒者であったから、重秀の「貨幣改鋳」を「不正義」と断じた。そのうえに、嫉妬深い上に「俺が、俺が」という性格の白石と、着実に実績を上げる重秀は対立を深める。そして、白石の重秀への様々な讒言《ざんげん》が、重秀罷免につながり、その命さえ奪われることになるのである。

さらに白石は、家宣の政治顧問的な立場になって知った深刻な幕府の財政難を、華美を好んだ前将軍・綱吉の無計画な浪費によるのであり、その政治を牛耳っていた吉保や重秀の責任は重い、というのであった。

吉保・重秀らの腐敗政権が下部組織である代官などの役人の質を低下させ、私利私欲を計ることに忙しくなった、とまでいうのである。

これなど、まさにドラマ『水戸黄門』のプロットに思われる。

ところで家宣の時代になると、幕府の首脳も顔ぶれは変わる。

白石は元来、甲府宰相綱豊の儒臣であったが、綱豊が家宣となって将軍位に就くと重用され、政治顧問のような立場になった。

このために、綱吉政権をあげつらい、吉保、重秀らを貶める発言をするようになる。

ちなみに、白石が『折たく柴の記』を書き上げるのは享保元年（一七一六）、六十歳の時である。八代将軍吉宗が就任すると、「馘首《かくしゅ》」を言い渡されて、逼塞を余儀なくされる。どうやら、綱吉に恩義のある吉宗には、綱吉時代をあげつらってきた白石は嫌われたのであろう。

その鬱憤《うっぷん》を晴らすように、白石は逼塞させられてから執筆し発表したのが『折たく柴の記』であり、ここでは吉保や重秀を徹底的に罵る筆法を取った。

それが後世に影響を及ぼして、吉保も綱吉も、そして重秀も「悪人」とされたのである。

しかし吉保は、白石が書いたような「悪人」ではなかった。だからこそ、吉保は生き残り、柳沢家も隆盛を誇ったのである。その後権勢に就いた間部詮房しかり、田沼意次しかり。彼らは本当に失脚したが、吉保のみは失脚することなく次の将軍にも信頼されてその人生を全うしている。

第６代将軍・徳川家宣の肖像画

第九章　柳沢一族の繁栄

吉保隠居

宝永六年（一七〇九）二月三十日（江戸時代は、二月もきちんと三十日まであった）、綱吉の四十九日である。この日、吉保は家宣から「常憲院殿の御形見」として、牧渓《ぼくけい》筆「竹に雀」の掛け軸二本を直々にもらった。

この掛け軸は、綱吉が好きでいつも手元に置いていたもので、美しく装飾されたものであった。

吉保は、この形見を持って邸に帰ると、掛け軸を自室に掛けて綱吉を偲び、さめざめと泣いたという。

四月二日には、家宣の御治世始めの祝賀があった。吉里、経隆、時睦などは正装して参上したが、吉保はこの儀式を欠席した。

すでに引退を表明し政治の表から姿を消そうという者が、新しい政治の始めに大きな顔をして出て行くなど以ての外である、というのがその理由であった。吉保のこの「身を沈めて表には立たない」というけじめの付け方を、新しい幕閣の多くが清々しい態度と受け取り、非難などする者はなかったようである。

五月一日には、将軍の宣下があった。吉保は、この宣下にも式が終わってから登城して祝賀を述べた。その表立とうとしない吉保の態度に、家宣も以前にも増して好感を抱いたといわれる。家宣は、吉保を大奥にまで案内して丁重に接し、さらには多くの贈答品まで吉保に与えたという。

五月五日には、吉保の正室・定子が五十歳になったのを祝って、甲斐国の七十歳以上の老人たちに米を配っている。いわば、敬老プレゼントの先駆けであろうか。吉保は、時として奇抜なアイデアを実行するが、このような贈り物をもらったことのない、甲斐国の老人たちは大喜びであったと記されている。

五月下旬になって吉保の隠居が決まった。やっと家宣が許可したのであった。それだけ、家宣政権が安定度を増した証拠であるのかも知れない。

その後の柳沢家は、吉里が継ぐことも許可された。吉里の家督相続が認められ、吉保が隠居して「保山」と号したのは六月三日のことである。

ところで後のことになるが、吉保のあとの側用人として活躍した間部詮房（六代家宣、七代家継）は、将軍二人が薨去した後は、その政治生命も失われた。特に家宣の死の直後は、「能楽師上がりなので恩を忘れ、涙も流さず、殉死もしない」などと戯れ歌でさえ詮房を弾劾したという。

また、十代将軍家治に側用人として仕えた田沼意次は、嫡男の意知《おきとも》を刃傷の結果失い、さらに松平定信との対立に敗れて、領地を奪われ逼塞を余儀なくされている。

このように、側用人として権勢を謳歌した人々は、いずれも仕える将軍の死とともに権勢の座から引きずり下ろされ、政治生命を奪われている。

しかし、吉保だけはそうではなかった。引き際の潔さといい、引退後の生活の質素さといい、吉保は自らを高めて生きるコツを悟っていたとしか思えない。さらには、吉保の中にあった、仏教、和歌、絵画など高い文化性が、その引き際の見事さにつながっているのではないだろうか。

それさえも、吉保の狡猾さ、と貶すのであれば、それはそれで何をか況わんや、ということになる。

駒込の別邸・六義園が、吉保のそれからの生活の本拠となった。吉保は、建物の一部を建て増しして、六月十八日に夫人らとともに引っ越した。ただ、町子だけは経隆、時睦らがまだ年少であることから、そのまま神田橋内の邸に残った。

吉保は、六義園に移った時にこんな和歌を詠っている。

「またも世に　ふみは返さじ　今はとて　爪木《つまぎ》こるべき道に入る身は」

（俗世間には再び返信もしないし、歩み返すこともないであろう。もうこの世とは最後と考えて妻と寄り添い、薪の道つまり信仰の道に私は入るのだから）

「薪の道」とは、釈尊が阿私仙人に従って薪などを切るなどして『法華経』を得たという故事により、信仰の道に入る儀式をいう。

なお吉里が、吉保の家督を相続した際に、同時に弟である経隆には山梨・八代両郡のうちに一万石を分与され、時睦にも同様に一万石が新田として分与された。経隆は十五歳、時睦は十三歳である。この分与は、綱吉が生前に約束しておいたことで、家宣もこれを認めての新田分与であった。

後に、経隆は越後黒川藩、時睦は越後三日市藩主となる（ともに一万石）。つまり、この時点で柳沢家は、本家と分家合わせて三つになっている。

こうした経過を見ても、綱吉の薨去によって吉保が失脚して柳沢家は潰されたような印象を持つことが、明らかな誤りであることが分かる。

六義園は、現在は国指定の特別名勝となっている。この庭園は、平安時代に多く見られた「寝殿造りの庭」とか、室町時代の「書院造りの庭」、あるいは禅宗の影響を受けた「枯山水の庭」などとは別の趣を持った庭である。

同じ江戸時代に水戸光圀によって完成した小石川・後楽園の「儒教的精神」が盛り込まれた庭とは対照的とされる。

六義園は、吉保の文芸趣味が随所に見られる。『万葉集』『古今集』などから選んだ名勝があるかと思えば、紀州和歌浦の景勝などを写している。各所に茶屋や四阿《あずまや》を譌えて、柔らかな癒しの庭園になっている。

六義園の名前は前述したが、もう少し詳しくいえば中国古代の『毛詩』に記されている「賦《ふ》」「比《ひ》」「興《こう》」「風《ふう》」「雅《が》」「頌《しょう》」の詩道六体から取ったものとされるが、その意味は以下の通りである。

「賦」　詩について、感想をそのまま述べること
「比」　例を取って感想を述べること
「興」　外の物に触れて感想を述べること
「風」　民間で行われる歌謡
「雅」　朝廷でうたう雅楽の詞藻
「頌」　宋廟頌徳《そうびょうしょうとく》の詞藻

詩作にいう六種類の分類をあらわすものだという。

かなり難しい意味合いを持つ。吉保の教養がそのまま六義園に顕《あらわ》されたと見る向きもあるほどだ。

しばらく六義園について続ける。

吉保が亡くなった後、吉里が大和郡山に移封となったため、柳沢家の下屋敷であったこの六義園には住む人がなく荒廃した。文化七年（一八一〇）に至ってやっと整備された。

明治維新後は、付近の藤堂、安藤、前田など各家の邸とともに、六義園も三菱財閥の創始者・岩崎弥太郎の別邸として買収されて、吉保の頃の姿を取り戻した。

明治三十八年（一九〇五）十月には、日露戦争から凱旋した連合艦隊司令長官・東郷平八郎以下六千人の将兵が、この六義園に招待されて先勝祝賀会が行われた。

そして、昭和十三年（一九三八）岩崎から当時の東京市に寄付されて現在に至っている。

六義園には、一年中木々や草花などが絶えず花を着けた。邸からは庭園がゆったりと広々と見えた。九月の頃には時雨めいてくると、ここから日が出たり入ったりするように見える。紅葉を多く植えた場所を「発入の岡《はつしおのおか》」と呼んだ。

そして、六義園を訪れる旧知の人も多かった。吉保はこうした訪問者を拒むことはなかった。町子の兄の正親町公通なども、江戸に下がってきた時には六義園を訪れて、その庭

の見事さを堪能している。

冬には雪見を楽しみ、春には花見の会を催した。このように移りゆく四季と花々とを愛でることが、吉保の楽しみの一つになっていた。

そして、町子の『松蔭日記』は、「六義園の春夏秋冬」を美しくリズミカルな筆致で紹介しながら、最終章である三十巻「月花」を終えている。実質的には二十九巻「爪木のみち」が「宝永六年春より夏六月十八日にいたる」として、日記としての終章になっている。つまり、吉保が六義園に移った時をもって、『松蔭日記』も終わるのであった。

将軍家宣、薨去

正徳二年（一七一二）十月十四日、この年の夏頃から病気のために伏せっていた家宣が、薨去した。

享年五十一歳という若さであり、その治世は僅かに三年半という短いものであった。

家宣の嫡子でまだ五歳の鍋松が、家継と名乗って七代将軍の座に就いた。その補佐は、引き続き間部詮房が担当する。

なお、この家継も三年後に僅か八歳で死亡するのである。

正徳三年（一七一三）、夏頃から病の床についていた正室の定子が、九月になって危篤状態になり、四日には医師も回復の見込みがないことを宣言した。翌日の五日、夜になって定子は意識を失い、午後十時頃に吉保や吉里らに看取られながら息を引き取った。五十三歳の生涯であった。

一説によると、定子の死因は山梨県などで「地方病」と言われて怖れられていた風土病「日本住血吸虫病」ではないかといわれているが、詳しくは不明である。

定子は、十六歳で吉保に嫁いでから三十七年間を、比類なき栄達を遂げた吉保を支え、家を治めた賢婦であった。自らも和歌を学び、信仰の道を深めた。

最も深く信頼していた正室に先立たれた吉保の悲嘆は大きいものがあったはずである。

側室の染子が亡くなった時とはまた違った悲しみが、吉保の心の裡に宿っていたに違いない。吉保は、その日から昼夜を問わず持仏堂に籠もってしまったという。

定子の死に臨んで吉保が詠んだ、夫人への挽歌が残されている。

この挽歌は、すでにもの言わぬ人となった定子との日々を回想しつつ、精魂の限りを傾けて詠み上げたものとして格調高く、それだけに「挽歌」としても高く評価されてきた。それは、読む者をして「夫婦愛の極地」を感じさせられる。それほど切々として、現在でも読む者の胸を打つ。

美しい平仮名の文字といい、夫人を回想する内容といい、その挽歌の調べは素晴らしい。

「夜ふくるるままにともしびかかげて妙香のか、しめやかなる枕のあたり、あらぬさまなるに、せめておもへばかなしかりける世かな。やまひにふしたまふてはたゞよかばかりにや、つゐにゆふべの露のおきあへず、あしたの露にさきたちてけぬるはかなさは、なほうつつともおもひなさぬを、(略)

おもはずよ　ともにみし世の　ことのはを　なみだのかずに　かけんものとは

保山」

長い巻紙に綴られたこの挽歌は、現在は山梨県甲州市(旧塩山市)恵林寺宝物館に収蔵されている。

吉保逝去

そして、翌年の正徳四年(一七一四)九月中旬になると、吉保は病気がちになり、病床に就く日が多くなっていった。二十七日からは、当時の著名な医師・久志本左京常勝にその治療を託した。だが、十月に入っても快方には向かわなかった。

この頃から、吉保の病いが篤いことを知った家宣未亡人である側室の月光院や、その他幕閣の関係者、側用人の間部詮房など多くの見舞いが相次いだ。

こうした事実は、吉保が隠居してなお年数を経てからも、幕閣から多大な信用を得ていた証拠といえよう。分けても月光院からの見舞いなどは、六代将軍家宣との確執など一切なかったことを示している傍証である。

それでも吉保は病いを押して、かねてから依頼されていた『常憲院殿大相国公(綱吉)実記』三十冊を白銀百枚を添えて、上野輪王寺公弁法親王の本坊に納めた。

危篤の知らせに、甲府にいた吉里は十月十一日の深夜に江戸に入った。幕府の許可を得てのことである。吉里は、神田の邸には戻ることなく直接駒込に向かったようである。

吉保は、この直後は小康状態を得たという。

しかし、十一月に入ると再び体調が変わった。周囲の懸命な看病にもかかわらず意識も薄れてきていたらしい。

十一月二日朝、清めの手水《ちょうず》を使い、髪を束髪に結わえさせ、病床に端座した。薬を勧められたが服用せずに、左右に侍っていた女性たちを部屋から去らせた。傍にいるのは、吉里、経隆、時睦らの子息の他、闇翁和尚、家老の柳沢市正重守（藪田重守に柳沢性を許して改名させた）、鈴木主水正竹、豊原勝羨らであった。

午後二時、吉保は眠るように逝った。享年五十七歳であった。

こんな話が遺されている。死の二、三日ほど前のことである。町子が「殿、何か言い残すことはございませんか」と吉保に尋ねた。

吉保は微笑して、こう答えたそうである。

「すでに吉里には委細の庭訓はしてある。それは市正重守も承知していることである。この上は何事も心に残ることもない。しかし、よくそれを聞いてくれたな。もう四、五日くらいは生きられそうだ」

多分、吉保の性格からみてもここに記されている通りであろう。

いずれにしても、吉保は死んだ。

その一生は、ほとんどが綱吉との二人三脚の政治に費やされた。側用人政治を、あたかも「悪政」のように捉える向きもある。しかし、吉保の政治は、決して「悪政」ではなかった。それは、吉保自身も意識していたはずである。

日本社会の貨幣経済化、という日本史の大転換期に現れて対処した吉保の「側用人政治」は、のちの官僚政治につながっていく。その意味から吉保を「日本の官僚第一号」と、褒め称える意味で唱える学者もいるほどである。

つまり、吉保は経済発展を前提としてそれによって変わる社会を、機敏に読みとった政治家ともいえる。

その吉保の政治観は、その後誰に受け継がれた訳ではなく、官僚機構として今の日本に伝わってきたといっても過言では亡かろう。

いずれにしても、その吉保は五十七年の生涯を閉じたのである。

吉保の遺骸は、八日の夜駒込を出て甲府の永慶寺に運ばれた。ここには、夫人の定子も眠っている。

吉保は在職中に、国守の通行といえども道は天下の公道である。諸人をしていたずらに迷惑を与えてはならない、というほどの配慮をしていたことを考えて、吉保の棺《ひつぎ》の甲府への移送は、三宿ともに夜を選んで運んだ。

甲府城に着いたのは十二日の昼頃であった。甲府城大手門を、吉保はもの言わぬ人となって初めて潜ったのである。

吉里は裃を付け家臣たちとともに、吉保の棺を迎えた。そしてそのまま永慶寺に運ばれた。葬儀は十四日夜七時頃から永慶寺で営まれた。

戒名は「永慶寺殿保山元養大居士」である。

甲府城主、吉里の善政

柳沢伊勢守吉里が吉保から家督を相続された領国の甲斐に初めて入部したのは、宝永七年(一七一〇)五月五日のことであった。

これまで吉保は甲府城主ではあったが、大老格の側用人として江戸に在府したままで、統治を続けて来た。しかし、吉里は、吉保のように幕閣の要職には就いていなかったために、甲府城に入城することにしたのである。

吉里は、入甲すると甲府惣町中の家持たちに賑給《しんごう》として青銅五百文を与えた(これは、宝永の定額給付金のようなものか)。

十月二十一日から二十三日、二十四日、二十六日、二十八日の五日間を吉里は、初めての入国の祝儀として楽屋曲輪に舞台を設け、能楽の会を主催した。家中の諸士ばかりか、国中の寺社、町人、百姓に至るまで観能の許可を与えたために、甲府町中は元より甲斐国の隅々から群衆が押し寄せた。

しかも吉里自らも舞うというので、二十三歳の若い国主の舞を一目見ようとやって来た人々で、広い楽屋曲輪も立錐の余地がなかった、と記録されている。

吉里は、吉保の治世をそのまま再現し、領民にとって善良な国主であった。

吉保時代に認めた甲州三法も、そのまま継続させた。

甲州三法とは、甲州金、甲州桝《ます》、大小切り税法の三つをいう。

「甲州金」は、武田時代から江戸時代を通じて郡内領を除く甲斐三郡(国中という)にだけ通用した特有の地方貨幣である。「甲金」ともいい、以前は甲州金十両は、慶長小判十三、四両で交換されたといわれる。

「甲州枡」も、元来武田信玄が制定したといわれる。豊臣秀吉が京枡一升を基準として量制を統一した後も、甲斐国では京枡三升を甲州枡一升としていた。

「大小切り税法」とは、国中三郡で行われた特殊な税法である。これまた武田時代からの税制であって、租税を「大切」「小切」という言い方で収める方法をいう。これによって、農民はかなり納める税が少なくてすんだのである。

吉里は、入甲すると翌年から山梨郡栗原筋、八代郡大石和筋、小石和筋の三筋を対象に検地を行った。この検地は、複雑に入り組んでいた旗本の小給地を把握するためのものであった。検地の結果、山梨郡だけでも約九千石の増高が記録された。

また、吉里は「甲州八珍果」の筆頭ともいえる甲州葡萄の栽培にも力を入れ、増産を奨励したのであった。今に残る、山梨県の基礎は吉保、吉里の柳沢二代によって形作られたと言っても過言ではなかろう。

このため当時、甲州葡萄は一駄（十六籠、一籠は約六キログラムであるから、約九十六キログラムになる）二両ほどの値が付いたという。

これらの他に、吉里は吉保の時代から懸案になっていた「穂坂堰《せき》の開削工事」を行った。

吉保は、川越城主時代に「三富開拓」を行って肥沃な畑地を作り上げた。それに比肩するような大事業がこの「穂坂堰開削」であった。

甲斐国茅が岳の南西部の山麓に位置する穂坂台地（現、韮崎市穂坂町）は、古代の官牧「穂坂の牧」があったところだが、台地が火山灰地であり、そのうえ雨の少ない内陸盆地であったため降水量が乏しく、経に旱魃《かんばつ》の被害を受けていた。付近には水利もなく、従って農民たちは一里（約四キロ）以上も離れた川に飲料水を求めるという苦しい生活を強いられていた。

享保元年（一七一六）の夏、辺り一帯は未曾有の干魃に襲われた。村役人たちは、この窮状を吉里に訴え出た。これを聞き届けた吉里は、吉保が三富開拓をした時と同様に、藩を挙げての大事業として取り組んだのである。

水利土木に長けた家臣・山口政俊を普請奉行に任命し、穂坂堰の大開削を実行に移した。

「官民一体の協力」を、山口は地域の人々に要請した。藩と領民とが一緒になってやらなければ成功は覚束なかったからである。

着工は享保三年（一七一八）三月。

総工費九百八両のうち、藩が五百八十七両を負担し、地元の負担は二百四十両であった。そして不足金の八十両は吉里の手許金を三十年年賦無利息で貸し与えた。後に、この八十両については償還免除とした。

領民も、柳沢藩の取り組みによく協力した。工事そのものは苦難の連続であったが、藩民一致の苦闘の末、その年の九月には難工事が完了し、茅が岳山麓の人々は飲料水ばかりか、灌漑用水にも不自由のない生活を送ることが出来うるようになった。

そのためもあって、この地域一帯の農業収入は二千三百石もの増収になった。

大和郡山への転封命令

こうした吉保、吉里の善政が仇になった。吉保の望んだ「永遠の柳沢家による甲斐国支配」の希望は、柳沢家の甲斐国領民に対する善政ゆえに、閉ざされることになる。

というのは、検地や穂坂堰の開削などによって、甲斐国の実質的な知行高は、二十五万石を超えて三十万石に近くなっていたのである。表高の十五万千二百八十八石よりは二倍近い石高とあっては、財政の苦しい幕府がこれに目を付けるのは当然といえた。

享保九年（一七二四）三月二十一日、吉里は幕府から「甲斐国から大和郡山への転封（国替え）」という命令を受けた。

世の中は、八代将軍吉宗の時代に変わって九年が経っていた。

吉保が綱吉から甲斐国を与えられてから二十年、吉里が甲府城に入ってから十五年余という時間が流れている。

大和郡山は、「禁裏守護」を兼ねる大任の地、と吉宗は吉里に申し渡した。しかし、甲斐か大和への移封には吉里も驚かされたはずである。

大和郡山藩は、織田信長の時代には筒井順慶、豊臣秀吉の時代には豊臣秀長、増田長盛、徳川時代に入ってからも水野勝成、松平忠明、本多政勝、松平信之などが治めてきた。

ここには、相当の名門が入城することを必要とされたことも、柳沢家への下命につながったのであろうか。

転封の知らせは、いち早く甲府にも伝えられた。家臣ばかりか領民たちも驚いた。直ちに始められた城受け渡しの準備の最中に、甲府に建立された永慶寺をどうするか、という議論になった。

吉保が柳沢家永遠の菩提寺として建立した寺だが、他領となる甲府に柳沢家の寺を遺すことは後日、様々な面倒が起きるのではないか、ということで結局、永慶寺の廃寺を決議してしまった。

一部に反対はあったが、重臣会議の結論を吉里も尊重した。そして、吉保夫妻の墓所は信玄の墓所である恵林寺に移すことになった。

永慶寺は四月から取り壊され、吉保夫妻は十二月には恵林寺に改葬されたのであった。そして、永慶寺の跡地には今は護国神社が建てられている。

だが、吉里は永慶寺を大和郡山に移設した。今も郡山市の永慶寺町に竜華山永慶寺として残されている。

吉保、吉里の柳沢家が統治した甲斐国の二十年間は、極めて善政の時代であった。これを証明する出来事があった、と『源公実録』は書いている。

甲府領内の農民たちは、それまで未納だった年貢米を一人残らず、新しい柳沢家の任地に送り納めたというのである。普通、大名の国替えの時には、領民が滞納していた年貢米はそのまま納めなくてもお構いなしというのが、古くからの慣例であった。

ところが、甲府藩の農民が年貢米を残らず集めて送ったというのは、「仁と慈悲」に立った民政を行った柳沢家二代への領民の感謝の表れであったろう。

甲府から新しい任地の郡山に向かったのは、家老の柳沢権大夫保格以下、家臣、家族を含めて総数で五千二百八十六人（男四千三十四人、女千二百五十二人）であった。

これだけの大人数による引っ越しは一大事業ともいえる。八十三匹の馬、輸送は四班に分けて五月七日を期して出発した。東海道ルートは十一泊から十二泊、中山道ルートは十泊から十一泊というもので、柳沢家では両ルートを利用して、予定した日までに全員郡山に到着している。

甲府城の引き渡しは六月十一日であった。

以後、甲斐国は幕府の天領となり、大名による統治は行われなかった。

さて、郡山藩主となった吉里は郡山に入部することにした。そこで、この年八月一日に江戸の藩邸を出発して、東海道を郡山に向かった。

一方、甲州で一万石ずつの新田をもらっていた吉里の弟たちも移封となった。経隆は越後黒川藩一万石に、時睦はやはり越後三日市藩一万石に、それぞれ転封となったのである。ここに、柳沢の支藩が二つ出来たことになる。

大和郡山を金魚の産地に

吉里が国替えによって得た領地は、大和、近江、河内、伊勢の四か国併せて十五万千二百八十八国であった。いわば、一国ではなく四カ国の飛び地といえる。その中で大和郡山が、常駐の城となった。

『大和郡山市史』によると、大和郡山の城下町は吉里が藩主となって入府してから安定したという。大和郡山の城下町は、箱本十三町を基本にして次第に発展したといわれるが、吉里時代には大別して「内町」と「外町」とになる。

内町は外堀の内側、外町は内堀の外側である。

吉里は、こうした城下町の整備を恐らく甲府の城下町整備に倣って行ったようである。

実際に、大和郡山の古書は「甲府の街区整然として、町は賑わい栄えた」と書いている。

また、吉里は郡山藩校を、五左衛門坂に設置して、十歳以上の藩士の師弟をすべて入校させて教育したという。

こうしたところに、柳沢吉保の子らしい特長があるといってもよいであろう。

さらに吉里は、町方の自治的特権を認めた。その代わりに町方は藩の公用をいろいろ務めなければならない。これが箱本制度である。

城下町が整備され発達した結果、大和郡山には商人や職人が集まってきた。それまでに比べて、郡山は少なくとも一段階上の評価をされるようになったといわれる。

吉里は甲府同様に善政を敷いたといわれているが、産業はどうか。

中でも大和郡山の金魚は、全国的に有名である。その起源は明確ではないが、こんな話も残されている。

江戸の町ではこの頃、金魚が愛好されていたらしい。この当時、甲府では金魚を「珊瑚樹魚」と称して見せ物にした、と『裏見寒話』という甲州の書物に記されている。

享保九年（一七二四）、吉里が甲府から大和郡山に初めて入府した際に、その家臣である横田又兵衛という者が、金魚を観賞用に持参したのが、大和郡山に金魚が入った最初であるというのである。

幕末になってから、この金魚の飼育が武士の内職となり、これが郡山の金魚を有名にしたという。

としたら、吉里は金魚を観賞用に飼育していた可能性は高い。これも、「甲州八珍果」と同じ文脈でみることも出来るであろう。

なお、吉里の時代とは異なるが、明治二十年（一八八七）には明治時代の柳沢家の当主・柳沢保申《やすのぶ》が金魚の研究に力を注ぎ、柳沢養魚研究場を設立するなど、金魚は柳沢氏の独壇場の感がある。その十三年後の明治三十三年（一九〇〇）には、金魚養殖の試験場兼研究所である柳沢養魚場も、市内の植槻町に設立される。

この試験場兼研究所には、柳田国男などが視察に訪れ、さらには米国サンフランシスコの「日本金魚会社」の社員や外国人なども大勢訪れているという。

吉里が入府とともに郡山にもたらした金魚が、このような歴史を重ねて日本で有数の金魚の産地になったのは、当然のこととといえるかも知れない。

吉里は大和郡山藩主として二十二年間の藩政を全うして、延享二年（一七四五）九月六日、江戸桜田の幸橋邸（上屋敷）で死亡した。享年五十九歳。父親の吉保より二年間だけ長生きであった。

吉里は、江戸の月桂寺に葬られた。

繁栄する柳沢家の人々

繰り返すが、柳沢家はあたかも綱吉の薨去によって、吉保は失脚し、吉里も甲府を追われたかのように言われてきたが、実際には吉保は失脚などせずに、悠々自適の隠居生活を送ったし、吉里の柳沢藩も十五年間、甲州を領したのである。

しかも柳沢一族は、文藩を含めていずれも健全なまま続く。いわば、吉里以降も柳沢家は繁栄を続けたのである。

吉里以降、直系の男子は六代続き明治維新を迎える。

中でも、柳沢家の大和郡山藩主として二代の信鴻《のぶとき》、三代保光は、いずれも文人大名として名前が高い。

これらは吉保の文芸好き、学問好きというＤＮＡによるものであったろう。

以下は、遺伝というものは恐ろしいものである、ということを言いたいがための「付録」のような話である。

そして、柳沢家の繁栄を記すためには、こうした文人大名といわれた子孫たちにも若干触れねばならない。

まず、二代信鴻は吉里の二男として、吉里が郡山に入部したその年の十月に、郡山で生まれている。その治世は二十八年に及んだが、天資すぐれ、博学多聞、卓越した見識を持った「明君」とされている。儒学、漢詩、漢文などの教養も高く、文学・芸術への造詣も深かった。

もし吉保が生きていれば、理想的な柳沢家の三代目として見たであろう。

書については「清楚雄健な筆蹟」、絵は「精巧な絵画」、文章は「流麗な文藻」で、ともに「群を抜く」とされているほどだ。

特に俳諧は「天明俳壇の異才・松平米翁」として知られている。

安永二年（一七七三）十月、五十歳を期に藩政を嫡子・保光に譲り、江戸駒込の六義園に移って風月を愛でる安穏な生活に入った。

ちょうど、隠居後の吉保に似た生活をしたのだが、吉保と異なるのは、幕閣の要職になかった分だけ気儘な人生が送れたことではなかったか。

信鴻が書き残した『宴游日記《えんゆう》』『宴游日記別録』には日常生活の記録が記されているが、登場する学問、遊芸の種類は驚くほど多方面に渡っているとのことである。

また『別録』は、当時の歌舞伎やその他の演劇類の観劇日記になっているという。残念ながら、この『別録』の完全なものは所在不明のままである。

郡山三代目の保光もまた、「堯山《ぎょうさん》」の名前で茶人としても知られる文人大名である。あるいは風流大名と言い換えてもよいかも知れない。

郡山藩主としては、治世の道を外さず、当代明君にも数えられているほどである。文化、文芸、教養を忘れず、文学・芸術を愛した。どうやら、この文学・芸術を好むのは、吉保以来の柳沢家の伝統であったようだ。

書画は、温雅で独特。狩野派の流れにある山水花鳥人物画は、『扶桑名画伝』などの絵画史にもその名前が見えるほどである。

特に好んだのが茶道であり、石州流を中心に学び、千宗旦にも私淑していた。茶碗への造詣も深く、大和の赤膚焼はその当時衰退していたが、保光によって復興し、その美術的価値は高まったといわれる。

明治維新を迎えたのは、郡山六代目の保甲《やすのぶ》であった。幕末の騒乱を乗り切り、明治を迎えるまで、柳沢家はきちんと繁栄を続けたのである。

もう一人、柳沢家にとって重要な人物がいる。

その名前を「柳沢淇園《きえん》」という。または「玉桂」などともいう。本名は、柳沢権大夫里恭《さとやす》といい、筆名は「柳淇園」。柳沢家の家老である。

淇園は、吉保が甲斐国を与えられた宝永元年（一七〇四）に、江戸に生まれた。父親は柳沢家家老の柳沢権大夫保格。その次男であった。

そのため、甲府に行き、十四歳で江戸の戻り、十六歳で甲斐に来てその年のうちに江戸に戻り、さらに十八歳でまた甲斐に来た、というように江戸と甲府を往復して暮らした。さすがに柳沢家の家老の倅である。早くから学問を学び、さらには武芸を学び、それらを驚くほどの知識欲と才能ですべて一流といえるほどに身に付けた。

武芸十六般を身に付けた文人。つまり、一派の堂々たる師匠がつとまる技芸が十六種類もあったということである。

これが柳沢淇園の姿である。マルチ人間であった。何しろ、十代にして一流文人、文化人の仲間入りを果たしていたのだから、これは当時としては「ませた子ども」であったらしい。

漢学者、漢詩人の側面を持ち、剣術の腕前も生半可ではなかった。郡山では、淇園と剣術の稽古をすると、一合でも打ち込める者は稀であったという。馬術に長じ、弓が巧みで、琴歌や端唄、三味線の類まで上手で、さらには本草《ほんぞう》（薬用博物学）から天文、仏教学にも通じていた。

享保九年（一七二四）には、吉里の転封に伴って郡山に移った。二十歳の時であった。この直後に有名な随筆集『ひとりね』を著している。

これには百四十編の短い話が収められている。その内容は、独特の女性観、恋愛観から俳諧の批評、琴や三味線、笛などに対する芸論、酒や煙草、衣装や髪型、囲碁や将棋、奇談珍談、さらには中国の説話まで、多岐に渡りそれも斬新な感覚で書いたものであった。

特に優れていたのが、書と画であった。書は「技神に入る」とまで言われ、画は、日本南画初期の「三大先覚者」の一人である。（もう一人は、祇園南海といい、雪舟が中国北画を初めて日本にもたらしたように、南海が南画を日本に紹介した始祖とされている）。淇園は、その南海の後継者であり、南宋文人画の芸術城の完成者である池大雅を世に出した人物でもあった。

江戸時代の日本の文人画は、祇園南海、柳沢淇園、池大雅の三人を草分けとする。その一人が、吉保の門から出ているのである。

この淇園、文人を踏み外して「不行跡（品行が悪い）」を為したことを理由に、謹慎を命じられてしまうのだが、兄が死亡し、兄の養子までが亡くなるに及んで、保格は淇園によく言い聞かせて、家督を継がせた。時に二十七歳。

柳沢家の家老になったその後も、淇園は多くの人との交流を欠かさず、多方面の書物の序文を書くなど、政務と趣味とを両立させて生きた珍しい人物である。

随筆の『ひとりね』には、甲州での経験も多く記されているが、この随筆集が明治時代になって活字化されたものの、伏せ字が多く完全に読めない部分があったというのは、その内容に明治時代では許されないきわどい描写があったためではなかったか。

作家・司馬遼太郎が、『余話として』（文藝春秋刊）という随筆集で、淇園とこの『ひとりね』を取り上げている。その中で、氏は「日本で、（レオナルド・）ダ・ヴィンチに匹敵する人物はこの柳里恭かもしれないとおもうようになった」と書いている。

そして、「地女」「館者」など、淇園の短い随筆の中から、女の味、といったようなきわどい部分を取り上げて解説しているのが面白い。

柳沢淇園は、遊びを重視したが、その遊びの中に政治に必要な「仁」「誠」を知って、郡山藩の治世に務めたのだった。

淇園の言葉に、「君子には三つの事がある。一つは、学問をし、徳を身に付けて、身を修め、家をおさめ、国を治めることである。二つめは、詩や文によって事実を後世に伝えることである。三つめは、音楽や書画をたしなみ、楽しむがよい」というものがある。

まさに、この淇園の言葉こそ、柳沢吉保の示した生き方に重なる気がする。

なぜ吉保は悪役になったのか

読者は思うかも知れない。

「それならば、なぜこんなに立派な柳沢家が、吉保が、吉里が、後世あれほどの誹謗中傷を浴びせられ、今も悪役、敵役として語られているのか」

そこには当然理由がある。

これもまた明確に語らねばならないだろう。

吉保を悪役、悪人にした手上げたのは、いわゆる「柳沢騒動」なる虚偽の出来事（こういうのを、でっち上げという）である。

虚偽の出来事を、最も本当らしく、巧みに書かれた書物がある。『三王外記』という本で、五代綱吉、六代家宣、七代家継の三人の将軍の治世を書いた、という体裁になっている。しかし三人の中でも綱吉が主であって、しかも吉保を無理なく登場させて、彼を悪し様に書くのが目的である、といえるような内容になっている。

この書物では、吉保の子の吉里が実は綱吉の御落胤であり、それを知っている吉保が甲斐国、駿河国の合わせて百万石を狙っている。しかも、吉保は吉里を将軍位に就けて天下を独り占めにしようという野望を持つようになる。だが、この吉保の野望を知り、綱吉がその野望に乗りそうな事を知った御台所の鷹司信子が、天下の乱れることを憂い、綱吉を殺して自らも自殺する、という話になっている。

この書物が「底本」になって、「柳沢悪人説」はさまざまなジャンルに広がっていく。特に書物では、『護国女太平記』『日光邯鄲之枕《にっこうかんたんのまくら》』『元正間記』『元宝荘子』『文武太平夢説』などの、いかがわしい出版物が溢れ出てくる。

歌舞伎の世界では、吉保の死後八十年経って、大阪で『傾城楊桜』という外題で柳沢家を悪人に仕立てた芝居が上演されて、大当たりを取ったという。また、明治になると河竹黙阿弥作の『裏表柳団画《うらおもてやなぎのうちわ》』という芝居も上演され、さらに昭和四十五年には、国立劇場で『柳影沢蛍火《やなぎかげさわのほたるび》』という、芝居が上演されて現在に至っている。

テレビドラマ『水戸黄門』では、吉保は「悪人」の定番として登場していることは周知の事実である。

これらは、吉保の異常な出世を綱吉の「寵臣」ゆえのこととし、すべてを綱吉と吉保を悪人に仕立てることで、ストーリー展開を図っている。

その根底には、悪名高い「生類憐みの令」を発布し続けて、庶民を「苦しめた」ことへの批判がある。さらには荻原重秀の「貨幣改鋳」による貨幣の「質の下落」を許せないとする経済音痴的な考え方もある。「忠臣蔵事件」で、赤穂義士たちを「切腹させた」ことへの抗議もある。また、先にも述べたが「幕府の財政破綻」の原因を、綱吉の浪費癖によるものと決めつけてもいる。

こうした理由で、本来は綱吉に向かうはずの「批判」が、将軍批判となれば罪を得る可能性もある、として吉保を身代わりに立てて、あらゆる悪口雑言を浴びせたという見方も出来る。

しかし、吉保は荻生徂徠に言われたように「家臣は主君の汚名を着せられても、それに甘んじるものである。それが忠孝の精神である」を、実際に地で行った人物であった。

綱吉を汚名にまみれさせるくらいなら自分がその汚名を喜んで着よう、というのが吉保なのである。こんな家臣を持った綱吉の面目は如何に、といったところであろう。

さて、最初に吉保を悪人に仕立て上げた『三王外記』の著者は「東武野史　訊洋子」という。勿論、ペンネームである。誰が書いたか分からない形にてあった。だが、江戸時代には儒学者の太宰春台であったとされていたらしい。

この『三王外記』を批判した者は意外に多いが、中でも長崎平戸藩主の文人大名・松浦静山はその著『甲子夜話《かっしやわ》』で、

「綱吉公の時代のことを、誹謗中傷して書いている書物があると聞いて読んだが、時間の無駄なので返した。太宰が書いたというこの書物には、十のうち一つほども事実はない。すべて誹謗中傷に満ちているひどいものだ」

という意味のことを書いている。取るに足りない、読むだけ時間の無駄だ、と言っているのである。

こうした悪書に拍車を掛けたのが、白石の『折たく柴の記』である。白石は、自分が仕えている家宣を名君に仕立て、自分自身の政治的な業績評価を高めさせようと、故意に先代の綱吉・吉保コンビの政治を誹謗した。

考えてみれば分かることだが、白石がこの書物を書いたのは、自分自身が吉宗によって罷免されて、蟄居謹慎を命じられた後のことである。まさか、吉宗に当てつける訳にもいかない。そこで、綱吉時代の吉保への誹謗中傷とした、ということであった。

これらが重なって、吉保は阿諛追従の徒、綱吉は「犬公方」という評価になったのである。これに追従するように、そして白石などが書いたものが本当であったかのように、あるいは「お側で聞いていた人間が言ったことだから間違いがない」など、伝聞をも真実のように書き残す人間がいて、その評価は「定まってしまった」のであった。

近世に至っても、吉保を悪人に仕立てたジャーナリストがあった。明治、大正、昭和の三代にわたって活躍した徳富蘇峰である。

蘇峰は、その著作『近世日本国民史』で、徹底的に、偏執なまでに吉保を貶《けな》しているのである。曰く、

「柳沢吉保は、極めて小身のものであった」「吉保は、側室、侍婢はおろか、その妻まで将軍綱吉に捧げている」「吉保は、将軍綱吉に催眠術を施し、天下の政道を誤らせた。吉保には経世家らしき抱負もなく、ただ我が身、一家一門、一族の栄進のための欲望しかなかった」

まさに言いたい放題、本当にこれがジャーナリストの文章かと思うくらい。

『三王外記』や『折たく柴の記』を下敷きにして、誹謗の限りを尽くしているとしか思えない。

それとも、吉保に恨みでもあるのか。白石のように。

などと思いたくなるような、虚構と悪意に満ちているのが、蘇峰の文章である。

こんなことを書かれては堪らない。吉保の実像なんぞは、当代一のジャーナリストの曲筆によって吹っ飛ばされてし

まった、の感がある。

ところが同時代人である文学者の坪内逍遙は、吉保について正しい理解を示していた。大正十一年（１９２２）に実業之日本社から刊行された『柳沢吉保』という伝記がある。著者は、林和という人だが、詳しく吉保を考証し、その人間を正しく評価している、数少ない吉保援護派の真面目な内容の本だという。この序文を担当している坪内逍遙は、こんなことを書いている。

「正史上の事実を一通りは心得てゐる私達にとつてさへ、先入主となつた伝説の記憶は恐ろしい力を有つ。吉保という名前を耳にすると。其咄嗟《とっさ》には『あ、将軍綱吉の佞幸人』といふ感想がまず浮かぶ。新聞の誤伝や捏造記事に甚だしく敏感な神経質の人達よ、安心するがよい。二百年間、冤《むじつ》の鬼となつてゐた吉保でさへも、何の縁故もないのに本著者の如き篤志家が出て来て、其お庇《かげ》で懇《ねんご》ろな筆供養を受けて雪辱成仏の幸せを得たのである」

途中何か所か、端折らせて頂いたが、ほぼこのような内容の文章である。

しかし、三百年経った今でもまだ、この吉保に対する誣告《ぶこく》は続いている。逍遙の文書やもって瞑すべしである。

最後に、『松蔭日記』の作者であり、柳沢支藩を打ち立てた経隆、時睦の母親・正親町町子のその後である。

吉保が宝永六年（一七〇九）に幕閣から身を引いた後、駒込の六義園に移り住むと、一時町子だけは幼いわが子と暮らした。しかし後に、六義園に移り正徳四年（一七一四）に吉保が亡くなった後も、居住し続けた。

そして、享保八年（一七二三）十二月（日付は不明）に、六義園で亡くなった。推定の享年は四十八歳であったという。恐らく、経隆がその最期を看取ったのではないか、と思われる。

戒名は「本然自覚大姉」。諡号「理性院」が贈られた。東京市ヶ谷の月桂寺に葬られている。

おわりに——三百年の無実の鬼、柳沢吉保

長い時間が経った。

柳沢吉保が、悪人とか悪徳大名とかいう扱いを受けてから、の時間である。

小説を書く立場からは、吉保という人物を「悪人」に仕立て上げれば、かなり面白おかしく時代が描けよう。しかも、そこにはあの「犬公方・綱吉」がいるのだから。

筆者は、山梨に生まれて山梨で育った。

しかし、子どもの頃から柳沢吉保なる人物を知らないで過ごしてきた。恐らく、高校生か大学生になってからであろう。甲府藩主としての吉保の存在を知ったのは。

だが、子どもの頃に見た東映映画『水戸黄門漫遊記』でも、長じてテレビドラマで面白く見た(これは役者が何代も入れ替わりながら今も続いている長寿番組だが)『水戸黄門』でも、悪役として象徴的に出て来て、最後に斬り殺されるのが、吉保であった。

諸国の悪代官を掌握して、水戸黄門様に立ち向かい、最後には正義の刃に掛かって果てる、というのが定番であった。

今も、日本人の大多数がそうしたイメージで柳沢吉保を見ていることもまた確かなことである。

ところが、歴史資料を調べれば調べるほど、吉保が悪人であった、というのは虚構であることが分かってきた。小説家の中には、吉保や綱吉への嫌悪から、定説の吉保像を展開している方もいるが、なべて歴史学者は、「吉保悪人説」を取らない人が多い。

吉保に関する資料を集めていて、これは不思議な現象であった。

歴史学者は、その時代の背景、たとえば「元禄時代という日本経済の転換期」をしっかり捉えて吉保とその時代を考査するのである。

難しい言い方だが、日本経済の転換期とは「それまでの自給体制が原則だった経済社会から、交換経済・貨幣経済が一気に社会に広がっていく時代」を示す。

当然、こうした社会をリードするためには経済知識を持ったリーダーが要求される。その要求に適ったのが、柳沢吉保であった。ただ、それでけのことである。

吉保は、自らも経済に理解があったし、そうした部下を使

うことにも長けていたと思われる。そして、そのリーダーシップを発揮したのが「側用人政治」という新しい政治体制であった。

こうした転換期を乗り切るには、旧体制である「門閥主義」「家格主義」では成り立たない。身分制度にとらわれずに人材を抜擢することが急務の時代になっていた。

そうした時代を見抜き、吉保のような有能な官僚を抜擢したのが綱吉であった。こうしたスポットの当て方をすると、綱吉は「アホ将軍」「犬公方」などではなく、転換期の日本を救った名君ということになろう。

柳沢吉保は、甲斐源氏（武田氏と同じ血脈）の末裔でもある。そして武田氏滅亡後、徳川一門でなければ統治出来なかった甲府（山梨県一帯）の城主に、綱吉の側用人であった吉保が起用された。

綱吉にしてみれば、しゃれたことをやったものではないか。やはり、これも慣例にとらわれない綱吉の政治特長といえようか。

本書でも触れたが、吉保が甲府城主になってから、甲府は一流国の仲間入りをしたのである。城下町の整備、周辺農村の整備、観光キャンペーンや甲州名物の発掘等々、吉保は、現在の甲府、ひいては山梨県の発展の基礎を築いたといっても決して過言ではない。

吉保は、川越城主であった時代には「三富開発」という大改修工事を行って、領民の生活向上に尽くした。同様に甲府でも（これは二代目藩主・吉里の時代が主になるが）、韮崎の穂坂堰改修という大事業を成し遂げて、今につながる水利事業を完成させている。

ドラマなどで誹謗中傷されているが、そのように貶《けな》されることは柳沢家、吉保、吉里は一切やっていないというのが、歴史の事実である。

能力があり、それゆえに重宝されて仕事をやらされ、その結果として出世した。それが吉保の人生であった。

そこを、嫉妬した同時代人や、後の人々によって貶《おとし》められ、貶《けな》されてきたのが吉保である。坪内逍遙が「二百年の無実の鬼」と言ってからも、すでに百年以上が過ぎた。それでも吉保という人物は、まだその頃のまま、悪人として扱われ、意識されている。

そろそろ、吉保という人物の本当の姿、本当の実績を認識する時ではないだろうか。

日本人が、志半ばで逝った人物を惜しんだり、憐れんだりすることは尊い。判官贔屓《ほうがんびいき》があってもいい。だが、逆に立派な生き方、明確な治績、実績を上げた歴史上の人物を、虚構のまま「悪人扱いする」ことは、決して正しくはない。

本書が、柳沢吉保見直しのきっかけになってくれれば、と願う次第である。


吉保が正室・定子の死後に書き記した挽歌が残されている。その長歌部分は、美しい筆跡と愛惜を込めた内容のもので、読む者の心をしみじみとさせる。

筆者は、この挽歌（本物です）を目にした瞬間に、吉保悪人説が、心の中から吹き飛んだことを覚えている。それほどに感動させる挽歌であったからだ。こんなに美しい文字と文章を書く人間が、人人と思わないで生きた悪人などではありえない。

吉保への、そうした確信が生まれた瞬間であった。

文字は人なり。そのまま吉保の優しい人間性を示した挽歌であった。


最後に、柳沢家は江戸時代を通して繁栄し、明治以後から今に至るも健在である。なぜ子孫の方々は、世の中に流布された虚構の「吉保悪人説」を払拭してこなかったのか。それが残念で仕方がない。もの言えば唇寒し、を怖れた結果かも知れないが、日本の歴史を正しく伝えるためにも、柳沢一族として「吉保悪人説」を退ける努力をしてほしい、と願わずにいられない。

もう一度、言う。

柳沢吉保は決して「悪人」ではなかった。

【参考文献】

『松蔭日記』（上野洋三校注、岩波文庫）／『柳沢吉保側室の日記　松蔭日記』（増淵勝一訳、国研出版）／『柳沢吉保』（森田義一著、新人物往来社）／『柳沢吉保の実像』（野沢公次郎著、みよしほたる文庫）／『甲府市史「近世」通史編第二巻』（甲府市）／『大和郡山市史』（郡山市）／『ふるさと大和郡山歴史事典』（ぎょうせい）／『黄門さまと犬公方』（山室恭子著、文春新書）／『徳川綱吉と元禄時代』（桑田忠親著、秋田書店）／『殿様の通信簿』（磯田道史著、朝日新聞社）／『将軍と側用人』（大石慎三郎著、講談社現代新書）／『勘定奉行荻原重秀の生涯』（村井淳志著、集英社新書）／『人物日本の歴史13「江戸の幕閣」』（小学館）／「柳沢吉保」（五味康祐）／『江戸の歴史は大正時代にねじ曲げられた』（古川愛哲著、講談社α新書）／『江戸管理社会反骨者列伝』（童門冬二著、講談社文庫）／『鳶魚江戸文庫20　江戸人物談義』（三田村鳶魚著、中公文庫）／『歴史読本』「特集　徳川三百年を動かした男たち」「特集　徳川幕閣派閥抗争」「特集　徳川御三家の野望」（新人物往来社）／『歴史と旅』「特集　徳川十五代の参謀と黒幕」（秋田書店）

著者略歴

江宮隆之（えみや・たかゆき）

1948年山梨県生まれ。中央大学法学部卒業後、山梨日日新聞社入社、編制局長・論説委員長などを経てフリーに。1989年、『経清記』（新人物往来社）で第13回歴史文学賞、1995年、『白磁の人』（河出書房新社）で第8回中村星湖文学賞を受賞。

※本書は、グラフ社から発行された『でっちあげられた悪徳大名 柳沢吉保』を再編集・改題した内容になります。

教科書が教えない元禄政治の実像

柳沢吉保

2015年2月1日　初版第１刷発行
2023年8月23日　二版第３刷発行

著者　江宮隆之

表紙イラスト　朴大運
表紙デザイン　大戸智華

発行者　松本善裕
発行所　株式会社パンダ・パブリッシング
〒101-0033　東京都千代田区神田岩本町15-1　CYK神田岩本町B1F
https://www.panda-publishing.co.jp/
電話　03-5577-2959
メール　info@panda-publishing.co.jp
印刷・製本　株式会社ちょこっと

本書は、アンテナハウス株式会社が提供するクラウド型汎用書籍編集・制作サービスCAS - UBにて制作しております。